「お話上手さん」が考えていること

会話ストレスがなくなる10のコツ

インフルエンサー&コンサルタント
おばけ3号

KADOKAWA

Introduction…

繁華街のネオンライトを背にして、剥がれたコンクリートの漆喰が散乱する階段を下った先は、まるで海の底のようだ。

海底に差し込む青色の光が、天井のライトから一枚板のカウンターテーブルに差している以外、光を迎える窓すらも見当たらない。少ない光がライトアップする木目の美しい一枚板を境に、中東系の彫りの深い顔立ちの男と、白く、そして輪郭の曖昧な物体が対峙していた。

白い物体の手には小ぶりのグラスが握られ、グラスのふちには冷やされた外気が水滴となって付着していた。

中東系の彫りの深い顔立ちの男は、無造作に数枚の紙を取り出し、白色の物体に見えるようにテーブルに並べた。

白い物体はその紙をまじまじと見つめたあと、二枚を手に取り、にんまりと笑った。コミカル過ぎる見た目の口から、二本の八重歯が大きく顔を出している。

彫りの深い顔立ちの男が口を開いた。

「アア。その二人ネ。いいと思うヨ。感受性高すぎでコミュニケーション下手すぎる独身女子と、悩みを人に言わないタイプの頑固な主婦」

軽口を交えたカタコトの日本語で紡ぎ出される評価を聞いた輪郭のハッキリしない白い物体は、満足気に二枚の紙を手元に引き寄せて、にんまり顔のまま答えた。

「**コミュニケーションの技術は、コミュニケーションに悩む人にしか得られないのだ。**それに、人に言えない悩みを解決するのが僕の仕事なのだ。今回はやりがいありそうなのだ」

そう言って白い物体は手元のグラスを持ち上げ、静かに口を付けた。握られたグラスは、その握る手からの温度を感じていないかのように見える。白い物体は、まるで空間を保留するような不可思議な力を感じさせる空気を纏っている。

「人間て、タイヘンな生き物だネ」

男はまた発した。

「言葉を作ったのに、言葉で悩んでるヨ。しかも、言葉作ったのに、言葉使えてない人ホント多いヨ。最近では、言葉で死ぬ人までいるヨ」

男は、わずかに肩をすくめながら悲しげに目を伏せた。

「言葉に限らず、なにごとも『使える』と『使いこなせる』は別モノなのだ」

白い物体はまた笑ってグラスを傾け、中身を流し込んだ。徐々にグラスの中の氷が小さくなっていく。吸水性の高い珪藻土のコースターも、もうさほど湿り気がない。

「おばけ。今回はなにを教えるつもりナノ？」

おばけと呼ばれた白い物体は、空のグラスを男に差し出し、数秒の間を置いて口を開いた。

「お悩みの質にもよるのだ。でも誰がクライアントでも、人とのコミュニケーションの取り方や、コミュニケーションの前に心を整えるテクニックや、コミュニケーションを取った後にどうその情報を処理するか、そして自分の心の守り方について、ひととおり基礎を覚えてもらうところがゴールだと思うのだ」

「簡単なようで、難しいネ。ソレができれば大抵のコミュニケーション、コワくないヨ」

「まあ。まずはやってみるのだ」

おばけは、ゆっくりとカウンターの椅子からフワフワと浮かび上がった。地面のすぐ上でゆらゆらと浮かぶおばけにライトが当たる。当たったライトは、まっすぐ物体をすり抜ける。おばけの背後にも真下にも、当然のように影はなかった。

おばけが、間違いなくこの世のものではないなにかであることを証明するような光彩と陰影の当たり前のやりとりに気づく人はいないだろう。

その物体は、選ばれたものにしか見えないのだ……。


プリズムのように輝く棚のグラスたちが各々いびつな自己主張をしているように見える。おばけはそのいびつな自己主張を名残惜し気に眺めながら一言発した。

「お会計してほしいのだ」


白い物体、もといおばけはそう男に告げて、頷いた男はすぐに伝票に目を通した。

「……水割り二杯、ビール一杯、案件紹介料にサービス料、週末料金、席料、テーブルチャージ、深夜料金……」

「すごいぼったくるじゃん」

本書に登場する
怪しい仲間たち

名前 おばけ
職業 コンサルタント

人間の家に居候をしながら、ときにコミュニケーションに関する教えを与える謎のおばけ。その目的は謎に包まれており、聞いても答えてくれない。極度の甘党で歯磨き粉も子ども用の甘いものを愛用する。その姿を見たり、相談に乗ってもらったりするには、契約書の締結が必要。

名前 ムー
職業 バーテンダー

繁華街のはずれにあるBar Deadman's Refugeのオーナー兼バーテンダー。パキスタン出身。おばけいわく、裏では「悪の秘密結社」を組織しており、日々世界征服のためにボランティア活動や慈善活動を行っているらしい。人の心が読める驚異的な特技を持つ。都合が悪いことを言われると日本語がわからないフリをする。

Part2

相手も大事にする〝伝わる言葉〟の選び方

Illustrations: こたに千絵
Cover Designs: 西垂水敦（krran）
Layout Designs: 荒井雅美（トモエキコウ）
DTP: 有限会社エヴリ・シンク
Proofreading: 鷗来堂
Composition: 伊藤瞳

Part1

言葉にする前に心の整理整頓で自分を守る

美紀（25歳） 大手食品メーカー営業（成績ビリ）	一人暮らしを頑張る。月に一度、スーパーでいつもより高めのお肉とビール、スイーツを買うのをご褒美にしている。噛み合った会話ができないことや、気持ちがごった返してなにも言えなくなってしまうのが悩み。

Lesson 01

雑談が噛み合わなくて続かない
相手との会話の軸を合わせてみるのだ

ただでさえ長い帰宅の電車が余計長く感じる。新宿駅から延びる小田急線は新宿から箱根までを一線につなぎながら、私を毎日ついでのように運んでくれる。

私が大学を卒業し、都心の規模だけはいっちょ前の食品メーカーに就職してからすでに三年が経つ。就職先が上場企業であることや都心の支社に配属先が決まったことで、家族も私自身も内定時までは今後の明るくスマートな未来を予想させてくれる内定通知書を神棚に奉る勢いの喜びようだったが、実際はそんな甘くなかった。

大手メーカー特有の伝統的、カッコよく言えばトラディショナルな仕事には、高いヒールも、ファッション誌に輝かしく光る「モテる」オフィスカジュアルも必要としなかった。

各シーズンごとに八パターン用意したお決まりのインナーに安物のジャケットを着て、メーカーの銘が入ったウインドブレーカーを羽織る。

軽量設計された羽織りでさえ重く感じる。そんなどんよりした気分で街中を車で移動し、スーパーの店長さんやコンビニのオーナーさんに一方的に頭を下げ続ける日々だった。

ただでさえ人付き合いが苦手な私に、「真の信頼関係の構築」を謳う営業職の肩書きは特別に重く感じる。肩書きに営業と記載された名刺を渡されたときは、自分の足に囚人が着ける鎖付きの鉄球をぶら下げられた気分だった。

電車は無機質な音を立てて多摩川の陸橋を渡っている。夕焼けに輝く多摩川の水面も、三年の月日を経るとなんの感動も私に与えてくれなくなってしまった。

そんな光る水面が呼び起こしたのは、今日の給湯室での同期の男との会話だった。

特別なガラスを使い、光の反射を最大限までなくした高級時計をこれ見よがしに掲げてコーヒーをすする同僚は、聞いてもいないのに、上期のボーナスを全て費やしたというその時計の説明を始めた。

「これ、ダイバーズウォッチっつってな。300メートルの海底に潜っても精度を失わないいんだ。ロマンあるよなあ?」

私はそんなロマンよりも、そのガラスの輝きがチラつかせてくる、その時計に最近まで付いていたであろう値札が気になった。

「それはすごいね、そんな性能あるってことは……いくらぐらいするの?」

「んー、まあボーナス二回分くらいだ。でもさあ、これ自社製のムーブメントで、ちゃんとメンテすればゆくゆくは百年後まで動くんだ。すごくない?」

「……いまから百年後に生きてるかな私たち。でもそう考えると安いね。百年を日割りすればコスパいいかも」

そう言ったとたん、同期はなぜか突然しおらしくなり、最近の自身の売上の伸びの悪さを嘆きはじめた。その瞬間私は、「またか」と思った。いつもこうだ。なぜか私は、相手の会話のテンションを失速させてしまうのだ。

営業職に就きながら会話が下手で、会話の深め方や展開の方法を知らないこと、その結果、相手との意思疎通が図れず、公私ともにトラブルが重なること。これは私の一番の悩みだ。そしてその自らの持つ呪縛のような無能さに落ち込み、日々周囲からのお叱りを受け、暗い気分で自己嫌悪のループに陥るのが入社してからのルーティンになっていた。


そもそも、この同僚がこうして話題をコロコロ変えるところが苦手だ。毎度落ち着いて話ができている気がしない。

しかし、毎日自分のストレスキャパシティの限界に挑戦しながら生きる私を尻目に、彼の営業成績は好調でコンスタントに右肩上がりを記録していたのだった。

なぜこんな彼が笑顔で成績をあげられて、毎日苦しい私の成績は芳しくないのか？いったい彼のなにが評価されているのか？

陸橋を越えた電車から降りた私は、最寄りのスーパーに寄り、いくつかのお惣菜と2リットルのウーロン茶を買った。帰り道に気づいてしまったが、一昨日も同じお惣菜を買っていた。いま話題の「丁寧な暮らし」とは程遠い、「考えない暮らし」だ。

重い足取りで自宅である四階建てマンションの二階の自室のカギを開ける。左手にぶら下げた買い物袋と仕事バッグが指の関節に食い込む。
開いたドアに身体を滑り込ませるように自分の部屋に帰り着いた私は、ドッと襲ってくる疲れを感じながら、買い物袋を１Ｋの部屋に続くキッチンに置いた。

「おかえりなのだ！」

うだつが上がらない私の人生に、唯一誇れるものがあるとしたら、出会いの質の高さだ。高校大学と友人には恵まれ、壊滅的なコミュ力の私を、幾度も友人たちは助けてくれた。とんちんかんなことを言ってしまう私を、フォローしてくれたり、会話をつなげてくれたり。
そんな出会いの中でも最も特殊な存在がいま目の前に立っている。……正確に言えば浮いている。

「今日のおかずはなんなのだ～♪　昨日は昆布の佃煮だけだったのだ。あんな昆布ばっかりの佃煮はもう嫌なのだ。これ以上食べたら僕からいいダシ出ちゃうのだ」
「出ないわよ」

挨拶も適当に、私の落とした買い物袋を頭から突っ込んで覗き込むこの全長70センチ程度の白くフワフワしたビーズクッションのような見た目の生物は、自身のことを「おばけ」としか自己紹介しなかった。

本人曰く、「生きてた頃はマジでイケメンだった。イケメンすぎて職業がイケメンになるところだった」らしい。全くその面影を感じられないシンプルデザインのおばけが私の部屋に住み着き、はや二カ月が経とうとしていた。

「ちょっと、勝手に開けないでよ」

買い物の入る白いビニール袋と似たような見た目のおばけに私は注意した。

「手遅れなのだ。もう開けてしまったのだ。おばけの勝ちなのだ」

自分の身の丈ほどもある麦茶のペットボトルを大事そうに抱えたおばけは、独り身用の冷蔵庫を器用に開けて、フワフワと浮く両手で滑らかに麦茶を扉裏のドリンクホルダーに差し込んだ。

私はパンプスを脱ぎ捨てて居室に向かい、ジャケットをハンガーにかけ、消臭スプレーを振りかける。

背後でキッチンにいるおばけの鼻歌が聞こえる。二カ月も居候しているだけあって、手慣れた様子で佃煮と冷凍ご飯を温めている。鼻には勝手に開けられたお惣菜の香りが漂ってきた。

このおばけが働くのは炊事の際ぐらいだ。普段はソファーの上で、焼酎片手に本やグラビア写真集を読んでいる。

鼻も耳もない見た目は、全国各地に散らばるゆるキャラを彷彿とさせるが、実態はゆるキャラどころかただのオッサンの現身だと思う。

「あ!?　また一昨日と同じお惣菜なのだ！　また中華クラゲとキュウリ和えなのだ！どんだけ中華クラゲ食べたいのだ!?　前世で中華クラゲに親を殺された過去でもあるのだ!?」

居候のくせに生意気なクチを利くこのおばけを、なぜ私がこの狭い1Kに住まわせているのか。

おばけと初めて会った夜、彼は名刺を差し出しながらこう言ったのを覚えている。

「僕はおばけだけど、コンサルタントなのだ。日本語で言うと、相談役ね。開業届も出してるし、確定申告もしているのだ。妖しいけど怪しくないのだ」

うまいこと言っただろ的なドヤ顔しているおばけの顔を私はしげしげと眺めた。鼻も耳もなければ足もない。宙にフワフワと浮いては、たまに壁や床を透過し、本人の意思しだいではモノも掴める。掴まれた物は透明化し、周りからは突然消失したように見えるため、現世の人間には少し困る機能だ。

初めておばけに出会ったとき、その新品のビーズクッションのような見た目はきめ細かな肌触りで、たしかにこの世のものとは思えなかったことが鮮烈な記憶として私の脳裏に刻まれている。

その自称「空前絶後・超絶怒涛のコンサルタント（マジおばけ）」のおばけは、日々人々の相談を受け、それに対して解説や助言を施す仕事に就いているという。

そしてなぜか私がそのクライアントに選ばれたというわけだ。おばけは一日一回まで、親身に私の相談を聞いてくれる。悔しいことにその回答が毎度納得せざるを得ないものであるために、私は同棲を許可し続けている。

「これはもう、食卓の破壊神、唐揚げ先輩の出番なのだ。先輩が出てきたとなればもう安心なのだ。どんな寂しい食卓をも救えるお力をお持ちの先輩なのだ。しかし、さすがは破壊神唐揚げ先輩……食卓を支配しすぎて他のおかずのありがたみが下がって感じるのだ。唐揚げデフレなのだ」

近場の有名チェーン家具屋で買った千円のテーブルに並べられた中華クラゲの和え物と唐揚げ、茶碗によそわれた白米を眺めて、おばけが呟く。私は食卓を囲っておばけと向き合った。

ここ二カ月のスタンダードになりつつあるこの光景のなかで私は、心に残るモヤモヤを解消するため、給湯室での一件をおばけに話しはじめた。

微妙に話題、ズレてない？

「なるほど。なんとなくわかってきたのだ」

唐揚げをほおばり終えた白いコンサルタントは、私の悩みを聞き終えると、膨れたお腹を抱えながら一言発した。

おばけは戸惑うようにオドオドと説明する私を安心させるように、静かに諭すような笑顔を私に向けた。

「最初に整理するのだ。まず、美紀は同期との会話が噛み合わなかったことにストレスを感じている。そして、なぜその同期のほうが私より成績がいいのかわからないし、納得がいかない。……ざっくり合ってるのだ？」

「うん、大丈夫」

「結論を先に言うけど、まずその会話は噛み合わなくて当然なのだ。だって、同期君は腕時計の機能の話をしているのに、美紀は金の話をしているのだ」

「……うん？　たしかにいくらするのかは聞いたけど、お金の話なんて……」

「同期君はお金とは関係のない、時計自体の機能性やロマンの話をしていたのに、美紀は無意識に会話の軸をお金、つまり腕時計を今後の生きる日数で日割りした毎日のコストに移したのだ。**お互いが腕時計の話をしているつもりでも、伝えたいことや関心がある軸が違うと、会話がギクシャクするのだ**」

たしかに私は同期の話すロマンとやらに全く関心を示さず、自分が関心のあるお金の面からしか腕時計を評価していなかった。だから同期は、自分の話したい話題が私には通じないと理解して、突然話を変えたのか。

「美紀が自分のネイルの柄を季節ごとに変えていることを褒められたいのに、その同期がネイル代の話だけをしてきたらどうなのだ？　きっと美紀は怒ってしまうのだ。**話の質であれ論点であれ、話の軸を意識することは、相手との対話を成り立たせる最低条件でもあるのだ**」

そういうことか。自分事にされると腹落ちが早い。

月ごとに色や柄、テーマを変えるネイルは、私の唯一と言っていい趣味だ。フットネイルもこだわって揃えているが、もはや仕事用パンプスに隠れて、誰にも見られる

ことはない。しかし、この慌しい毎日を彩る宝石のようなネイルを、お金でしか評価されなかったら、そのときの私の態度と感情は保証できない。

「わかってくれて嬉しいのだ♪」

おばけは腹落ちした私の顔を満足気に眺めながら、食後のコーヒーを要求した。私はしぶしぶキッチンに向かい、ケトルにお湯を沸かしはじめた。

会話の「なぜ?」を見逃さない

「でも、美紀の仕事は営業なのだ? きっとお客さんとたくさんコミュニケーションを取るお仕事なのだ。雑談も多そうなのだ」

グサッと痛いところを突かれてしまった。

私のストレスの根幹はまさにそこで、生まれた時期も違えば性別も違う、共通点もなにもない相手と雑談するのがどれだけ難易度の高いことかと、毎日苦痛に感じている。

仕事中、驚くほど冷えきっているスーパーの店長さんたちとの会話そのままに、私が担当になった冷凍食品は、スーパーの棚争いにことごとく敗北する運命をたどる。社内で私は売上を落とす死神扱いだった。

ケトルを傾けながら俯く私に、おばけは床から半分身体を乗り出しながら尋ねた。まるで床に置かれた肉まんのような見た目だ。

淹れたコーヒーから穏やかな湯気が立っている。あらためて食卓を囲って向き合ったおばけはとてもおいしそうにコーヒーをすすっている。

「続けていいのだ?」

マグカップを置いたおばけが口元にコーヒーを付けたまま喋り出した。

「なぜその同期のほうが私より成績がいいのかわからないって点についてだけど、おばけは、その同期君が優秀さの片鱗をすでに美紀に見せてると思うのだ」

「どこによ」

意図せず口調が強まる。私の嫉妬は末期なのかもしれない。それを無視しておばけは続ける。

「腕時計の話をしていて、話題の軸や興味の範囲が合わないと同期君は感じて、すぐさま美紀と共通の話題である『売上』の話に切り替えたのだ。相手の興味、相手の理解が及ぶ話題に切り替える配慮と、共通の話題をすぐさま思いつく練度。なかなか優秀なコミュニケーションスキルを持っていると思うのだ」

心臓を冷えきった手で包まれたような感触。おばけに擁護された同期との距離を、果てしなく遠いものに感じてきた。

「**コミュニケーションの基本は、相手と会話の『軸』や『単位』を合わせることなのだ。**腕時計の機能であれば機能の話。そのロマンであればそのロマンの話。それをビジネスの外の場……今日であれば、その喫煙所でまで無意識に彼がスキル発揮しているのであれば、身体に染み込んだコミュニケーションスキルによって、彼の営業成績は担保されているかもしれないのだ」

べた褒めじゃん。

私は隠す気もない仏頂面で湯気の立たなくなった自分のコーヒーを見つめた。

「――それでも」

私は再度口を開いたおばけを見た。柔和で、かつ諭すような笑顔だ。

「その会話の違和感に気づいたのはすごいことなのだ。多くの人は、この会話の単位を合わせることや合っていないことに無頓着で、違和感を覚えないのだ。**論理的な思考や有機的な会話ができるようになるポイントは、普段の自分の会話に疑いを持つことから始まるのだ。**モヤモヤ程度だったとはいえ、そこに疑問を持った美紀はセンスあるのだ♪」

納得感のある回答より、私がおばけについて好きなところがあるとしたらきっとここだと思う。見た目からは想像もつかない難しいことを話すくせに、ちゃんと教えてくれるし、さらに心のケアまでしてくれる。

「悔しいけどわかった……」

「よかったのだ♪　自分の非を認められるのは優秀な証拠なのだ♪　でも、わかったら早く洗い物してほしいのだ。誰の家だと思っているのだ？」

私はめちゃくちゃ偉そうなおばけの頬に、渾身の右ストレートを叩きこんだ。

おばけのアドバイス

相手と会話の軸を合わせることを意識しよう

軸とは、相手の興味や関心が向いている「会話の本当のテーマ」のこと。軸に沿った返答や掘り下げを行うことができれば、会話が散らからず、深く質量のある会話が展開できるようになる。また、相手からも「ちゃんと自分の考えを理解してくれている」「興味のポイントが一緒なので親近感が湧く」などの高い評価を得られるだろう。

Lesson 02

人を見る目がない！

言葉と行動から相手を見極めるのだ

また、だ。

私はまた、騙されたのだ。

二十五歳。大学卒業前から恋愛運は地上すれすれに低空飛行で、彼氏なしの生活も五年になる。でも結婚はしたい派だし、彼氏を作るしかない。

しかし、マッチングアプリに手を出してはや二年くらいだろうか。私はこの二年、アプリに巣食うトンデモ野郎たちの間で、恰好のカモとして知れ渡ってしまったのかもしれない。出会う人、出会う人、ろくでもなかったのだ。

有名広告代理店勤めと称した男は、実際はバイトを転々とするフリーターだった。その前のイケイケ大手商社マンとはだらだらとデートを繰り返し、調子のいい褒め言葉にデレデレしてるうちに、流れで何度も身体を許してしまった。その彼とも結局、自分との関係がなんなのかを問い詰めるＬＩＮＥを最後に、連絡が取れなくなった。

そしていま届いたＬＩＮＥは、私の武勇伝がさらに増えた事実を私に突きつけた。最近数回デートしていた男性から届いたＬＩＮＥの内容は、高級鍋セットをオススメするものだった。

私は壊滅的に人を見る目がないのかもしれない。

ふと目をやると、おばけはフワフワと朝日差し込む私の部屋を横切り、ベッドでタオルケットを被っていた。おばけは居候であるが、専用のベッドは必要ない。幽霊らしく昼夜が逆転しており、朝の光を避けて朝から夕方にかけて眠る。

それゆえ、私が仕事中に寝るのでベッドも一つで足りるし、テレビのチャンネル争いも起きない。唯一、顔を合わせるのは私の夜。つまりおばけの朝に相当する夜7時頃から深夜0時だ。

この不思議な同棲生活にも慣れてきたが、当初は本当に大変だった。

それは、イケイケ商社マンからいっこうに来ない返信に、いよいよフラれたと気づいた晩のことだった。私は急遽友人たちに残念会を開いてもらい、その主賓として恥じないアルコールへの溺れっぷりを見せた。

千鳥足で自宅に帰ってきた私は、玄関口で糸が切れたようにフローリングに倒れこんだ。そのまま横たわっていると、私の頬にツンツンとクッションの角のような柔らかいなにかでつつかれたみたいな、ひんやりとした感触が走った。

もはや半分も目が開いていない酔っ払いの権化たる私は、ぼんやりと視界に映る白い物体を警戒することもなく、その物体に差し出された書類に言われるがまま力のない字で署名をした。

その次の日から、おばけは私の家に住みはじめたというわけだ。

朝、酔いのさめた私の前に呆れ顔で座っていたおばけを初めて見たときは本当に心臓が、いや五臓六腑の全てが飛び出るかと思った。恐れおののき震える私に、おばけはあらためていくつかの契約内容を説明しはじめた。変なところだけ良心的だ。

その内容を要約すると、こうだった。

- 名前は「おばけ3号」
- これから週一日以上の頻度で同居する（実際はもっといる）
- おばけが求めた際には、おばけの望むものを差し出すこと。その対価としておばけは一日一件、契約者からの相談に乗る
- 契約の解除は、契約者に対しておばけの望むものがなくなった場合、またはおばけが成仏した場合にのみ行われる
- おばけの存在や契約内容を他人に言ってはならない
- 契約に違反すると、魂か現金を取られる（現金の場合は、クレジットで分割払いも可能らしい）
- 朝ごはんは米派だから、和食でお願いしたい

事実が受け止めきれない私に、おばけはクスクスと笑いかけ「まあ、今後慣れてい

けばいいのだ」と言い放ち、ごそごそと私の布団に潜り込んだ。そのまま小さな寝息を立てながら眠りについたおばけを呆然と見下ろしながら、私は、目の前の現象の整理を時間にゆだねることにした。以来、この夢か現か全くハッキリしない日々を送り続けている。

それでも、こんな摩訶不思議がいつの間にか日常になるだなんて。事実は小説より奇なりとはよく言ったものだ。慣れとは恐ろしい。

泣きそうな気持ちに気合いを入れるべくリップを引く。私は、初めて出会った日のように横になって五秒でスースーと小さな寝息を立てるおばけを尻目に、ジャケットを羽織り、身支度を整えた。

オフィスに着いてから私はすぐ営業車に乗り込み、運転しながら早速昨日おばけか

らもらったアドバイスを思い返していた。

「会話の軸を合わせることを意識するのだ」

簡単に言うが、なかなか難しいかもしれない。まず私は、これまで会話において軸など意識したことがない。好きなタイミングで好きな言葉を、好きなように話してきた。果たして、そんな私でもできることなのだろうか。

信号待ちでの停車中、鞄の中のスマホが震えた。客先の駐車場へ車を停めて、メッセージを開く。寝ているはずのおばけからだった。

「昨日教えたことは、即効性があるアドバイスなのだ。まずはやってみるのだ」

あのおばけは心でも読めるのか、心を見透かしたようなタイミングでメッセージを送ってくることがある。おばけがスマホ持ってることだって驚きだったのに。

だけど、せっかくの機会だ。少し自分に電気ショックを与えるつもりでやってみるのも悪くはない……かも……？　私は自らを奮い立たせんと少しだけ化粧を直し、車を降りた。営業車のドアが私の不安を代弁するかのように力なく閉まった。

私の担当店は、売り場も残念な活気のなさだった。

お昼前のスーパーなら通常、冷凍食品の棚はせわしなく開け閉めされ、商品が飛ぶように売れるのだが、この店の冷凍食品棚は動きがなく時間が止まったようで、まさに冷凍棚だった。

私はささっと冷凍食品の棚を眺めて、加工食品担当である佐藤さんのいる事務室へ向かった。

裏口から入店し直し、入館カードを受付警備員から受け取り、首から下げる。

心臓がバクバクと音を立てる。相手とのコミュニケーションの手段や方法を変えるというのは、自分がこれまで積み上げたなにかを失うような、まるでとんでもない実験をするような恐怖感を伴うと初めて知った。

スーパーの事務室のドアを開けても鳴りやまないその鼓動は、目の前にいる佐藤さんに床を通して聞こえてしまうのではないか。

「こんにちは。お世話になります」

いまにも破裂しそうな心臓をとりつくろうように笑顔で挨拶をした。伏し目がちに書類に目を通す佐藤さんは私の顔に一瞥をくれると、またすぐに書類に目を落とし「ッス」と体育会系の小さな返事をしてくれた。

「先々月からのうちの新商品、いかがでしたでしょうか。売れてますか？」

その新商品、冷凍チャーハンは、営業部の販売強化対象に指定されているにもかかわらず、売上が低迷していた。理由は単純で、従来型商品と同価格で10％の増量を施しただけのサイズアップ商品だからであった。

「ああ……売れてないね。やっぱりサイズアップ程度じゃテコ入れにはならないね。売り場の販売量も前年度と似たようなもんだし。来る人も買うものも一緒だし。今後も伸びしろがないんじゃないかな、きっと」

佐藤さんは全く書類から目を逸らさずに、私の予想どおりの答えを返してきた。借用書でも眺めるようなバツの悪そうな視線が、彼の不機嫌を物語っている。

しょうがない。商品に魅力がないのはあくまで商品開発関連部門の責任だ。営業の私に責任はない。棚には並べてもらったんだから。

「そうですか……あと一カ月様子見てダメそうならほかの銘柄とお取り替え——」

喉まで出かかったその言葉に、私は急停止を指示した。おばけのアドバイスを思い出す。

「伝えたいことや関心がある軸が違うと、会話がギクシャクするのだ」

「会話の『軸』や『単位』を合わせることを意識するのだ」

この場合、私は自社のチャーハンの人気の有無の話をしている。

でも、佐藤さんは違う。「テコ入れにならない」「売り場の売上も前年度と同じ」そう言った。つまり、佐藤さんは売り場全体の話をしている。そして「テコ入れ」を欲している。チャーハンなんかきっと、どうでもいい。欲しいのは、テコ入れだ。

——ということは。

私はぐっと勇気を振り絞り、逃げ腰の自分にムチを打った。

「それはよかったのだ」

「でしょう！　それで『いまの販売量、前年度と同程度なんですね？　じゃあ、価格のテコ入れになる商品を今度持ってきてもいいですか？　少し高いけど、もし来る人も買う個数も一緒なら、単価アップが望める高価格商品置きませんか？』って言ったら、その日のうちに高価格帯の商品のリストを欲しがってくれたの！」

おばけと夕食を囲む間、私は今日起きたことを興奮しながら話した。しかしおばけは話もそこそこに一気にご飯をかっこむと、週刊誌のグラビア袋とじを丁寧にハサミで開けはじめた。

私自身も実感は湧いてないし、まだ全く売上の数字が約束されたわけでもないが、生まれて初めて「人と喋った」実感の喜びに包まれていた。もしかしたら真の人と喋るという行為は、人と心を通わすことなのかもしれない。相手と会話の軸を合わせるだけで、これほどまでに会話や意思が噛み合った感じがするのか。

おばけに話しながら、その喜びを何度も噛みしめてうっとりと反芻した。

帰社してからも、再度その充実感を味わいたくて、話す人全員に対して「会話の軸、相手の関心はどこか？」と考え、応対した。一種の宝探しのようなゲーム感覚に囚われ、苦ではなかった。結果、心なしか会話が盛り上がったり深まったりしたことが多かった。

私が食べ終わるとおばけは食べ終わった食器を重ね、またフワフワと浮きながらキッチンに運んだ。

さっき私にジャンケンで負けて、本日のお皿洗い係に強制任命されたおばけが、スポンジに食器用洗剤を馴染ませながら、せっせとお皿を洗いはじめる。

その間私は、食卓に開かれた週刊誌のなかで、純白の砂浜をバックに満面の笑みを浮かべるグラドルに見つめられながら、スマホを開いた。


スマホの上部に映し出される私宛のオススメの情報、アプリのアップデート、メルマガの着信通知。どれもこれも、気づけば増えた情報ばかりだ。受け取りたくないわけじゃない。必要だと思って登録した。しかし、届く情報に目を通すことはなく、無駄にスマホを賑やかすばかりだ。自分に必要な情報だけを摂取したいのに。


そんな私に、人を見る目がないのはしかたないことなのだろう。

今朝送られてきた、高級鍋セットのよさがえんえんと綴られたＬＩＮＥを眺める。この男性は前向きで、上昇志向が強く、独立してビジネスをやるために準備していると話していた。まさかこういうことだったとは。

昼間の佐藤さんのように、全て仕事のように正しい情報のヒントだけを与えてくれればいいのに。それなら謎解きのように今日のごとく、楽しめるのに。

私は一人で大きなため息をついて、目の前のお気に入りのクッションを抱きしめた。その時――

「お皿洗い終わりました、大佐」

クッションよりクッションのような見た目のおばけが、キッチンで私に敬礼のポーズをとっている。

「ご苦労。座りたまえ」

私は笑いながら大佐を演じた。

「大佐！　おばけは、一生懸命お皿を洗ったであります！　それはもう、一生懸命に洗ったであります！　親のカタキかと思われるような勢いで洗ったであります！　磨きすぎてお皿が一回り小さくなった気さえするのであります！」

嘘つけ。

「……それで？」

「ご褒美デザートが欲しいのだ！！！　……であります！」

キャラのブレブレなおばけに、立ち上がった私は冷蔵庫の中からおばけの大好物のプリンを差し出した。

「大佐アアアアアアア！！！」

おばけは感無量と言わんばかりにプリンを持ったまま部屋を飛び回り、満面の笑みで食卓に再度着いた。

本人は、大量の砂糖で味をごまかしてない甘さ控えめの固め高級プリンが好きらしいが、あいにく私の月給では１個２８６円がいいところだ。

それでも幸せそうにプリンを口に運ぶおばけに、私は今朝届いたＬＩＮＥの話を持ちかけることにした。

相手の印象戦略に踊らされない

「えー……昨日の相談からまだ二十四時間経っていないのだぁ……」
「細かいなあ。もうプリンあげないよ?」
「やります。なんでも聞いてください」

プリンを私から遠ざけて守る姿勢で、おばけは私の話を聞きはじめた。

私は、自分の男運がないこと、過去の恋愛……そしてなにより、男性を見る目の養い方がわからないことを告げた。

話しているうち、私はだんだん自分の情けなさに押しつぶされそうになっていた。仕事なら「嫌いだから」「やったことないから」と様々な言い訳ができるが、こと恋愛となるとそうはいかない。恋愛とは、人間としての魅力の総力戦ではないだろうか? その総力戦に負け続けた事実が少しずつ私の涙を堰き止めるダムに、亀裂を入れはじめたそのとき、おばけが話を始めた。

「相手を見定めるのは、なかなか難儀なことなのだ。なぜなら人間は相手に、自分の思うがままのイメージを持ってほしいと願う生き物だからなのだ」

たしかに。誰だって相手によく思われたいし、仕事ならナメられたくもない。職場で低く見られれば変な仕事を押し付けられたりしかねない。好きな人なら、自分に対して好ましいイメージを持っていてほしい。

「だから、恋愛のような印象駆け引きのゲームに身を投じる際は、作られたイメージの裏にある相手を見極めるには、相手の言った『本人を飾る言葉』よりも、『相手の求める情報』や『相手が過ごす言語圏』を頼りにすることがオススメなのだ」

……んん？　なんだって？

相手が自分のことをよく見せようとして飾った言葉を使うから、それに騙されるなって言いたいことはわかる。それ以降が全くわからない。

「『相手の求める情報』って、なに？　なんの雑誌読んでるかでその人の休日ファッションがわかるってやつ？」

「惜しいのだ……。例えば、大手広告代理店勤めを騙《かた》った男は、結局年収も立場も職種も、なにもかも嘘だったのだ。なんで美紀はそれを見抜けなかったのだ？」

え、それはだって……。

「本人が自信たっぷりに言っていたからそうなのかなって……」

「そこなのだ。**言われたからってすぐに相手の言うことを信じてはいけないのだ。それは相手がこっちに開示したい情報だからなのだ。なにか情報を目の前にした際、最初にやることは、その情報の客観性や信憑性を確認することなのだ。**そのあとに、信じる信じないを決めるべきなのだ。言われたからって信じてたら、相手の印象戦略にハマっていくばかりなのだ。**相手から与えられた情報でなく、こちらから読み取った情報で相手の実像を推理し、理解していくことが大事なのだ**」

そのとおりだ。でも、私は当時の私を責める気に全くなれなかった。なぜならその場での判断材料は、その人の発言しかなかったのだ。だから、手元にあるものや本人から聞いたことを信じた。しょうがないでしょ。

「いま、判断材料が少ないからしょうがないだろって思ったりしたのだ？」

一瞬でスーツを着たおばけがジロリとこちらを一瞥した。

「……うん」

私は素直に答えてみた。おばけはため息まじりに答えた。

「相手の言ったことを信じるっていうことは、相手の人格や尊厳、発言の意図を尊重することであって、恋愛対象になりうるかどうかの判断精度を高めることとは全く違うのだ。それを履き違えて、相手を尊重するつもりで相手の嘘を鵜呑みにしてしまう人が世の中には大勢いるのだ。この際ハッキリ言っとくけど、それは間違いだし相手しか得しないのだ。相手の思うつぼ」

ぐうの音も出ない。たしかにそうだ。私はこれまで「相手を信じる」という耳触りのいい言葉に身をゆだねることで、相手の嘘や虚栄心を無制限に受け入れていたのかもしれない。でも――

「じゃあ私、どうすればいいの？　私、たくさんその男の人に質問して嘘を暴いていく……みたいなことできないよ？」

おばけはネクタイを緩めながら笑った。

「そんな難しいことしなくていいのだ。ヒントは実に簡単なところにあるのだ♪」

「え、どこ？」

食い入るように前かがみになった私に、おばけはゆっくりと答えた。

「言葉と本。その人の使う言葉をしっかり聞いて、その人の読む本を教えてもらうといいのだ」

言葉を分析し相手の本質を暴く

「……？　ごめん全然意味わからない。なんで本なの？　それに言葉なら、すでに会話してるんだから聞いてるし」

「**言葉は、その人がどんな文化圏で暮らしているかを表す**のだ。例えば、『ヤバい』としか物事を表現しない人がいたとするのだ。語彙力が少ないこと自体は個人の自由だし全く問題ないけど、少なくともその少ない語彙力でも立場を認められて、周りとも会話が成立する環境で生きていることの証明なのだ。もちろん、話せる話題もなのだ。**必要とされる語彙や話題は、立場や環境、所属する業界によってまるでドレスコードのように違うのだ。**だから、相手の話す言葉のレベル、レパートリー、話題の質から、相手の立場や環境、能力を推し量る情報が取れるのだ」

なるほど。たしかに職種を問わず、大企業の経営層のおじさんが、ギャル語で話す環境にはないだろう。大企業の経営層やお偉いさんどうしなら、話す話題も政治経済など、そっちに精通することになるだろうし。

その人の会話の質から、その人の暮らす社会や文化を察しろと言うことか……。しかし――

「でも、本は？ 自己啓発本を読んでる人なんてたくさんいるよ。でもその内容が頭に入っていない人もいるじゃない？ アテになるの？」

「お。鋭いのだ〜！ 今日はお赤飯炊くのだ！」

おばけは満足気に私に笑いかけて言った。

「そのとおり。読んだ本の量と、本人の能力は比例しないのだ。でも、一つだけ確実に言えることがあるのだ……**その人が読んだ本は、その人が欲しがった情報**なのだ」

私は頷いた。

「例えば自己啓発本を読んでいたら、なにかしら自分のモチベーションに不安があったり、他人からの激励や鼓舞を求めていたりするということ。つまり、心の衰弱や、なにか不安を持っていることが窺えるのだ。技術やビジネス本であれば、その技術やそのビジネス情報が必要な状況にいる。もしくはその情報に興味があることになるのだ。その人が読んだ本、読んでなくても買った本からは、その人が求める情報の性質がわかるのだ。それがわかれば、その人の考えていることの片鱗が見えるのだ」

「その人が欲しがった情報……」

私は早速思い当たってしまった。そういえばニセ大手広告代理店フリーター男子の部屋には『一発逆転の転職』『七転び八起き』だとか、どちらかというと挽回の機会を欲する人が読みそうなタイトルの本が並んでいた。

あの本の情報を欲しがったってことは――

こう逆算すると、たしかにいままでに見えなかった情報や、新しく真実味のある情報がグッと近くに見えてくる。

「わかってくれたのだ？」

おばけが私にドヤ顔をした。

次の日、おばけのテクニックは恐ろしい早さで私に手ごたえを運んできてくれた。部署に配属されて間もない人、付き合いこそあるが全くなにを考えているか読めない同僚……。それらの人々の発した言葉以外の小さな情報たちは、その人々の特徴や本質を如実に表していた。

その情報たちは、私に相手を見極める魔法のメガネを与えてくれた。

例えば、強面で口調が荒く、寡黙な性格故に社内で若手を中心に恐れられている私の上司の机の上には本棚がある。収納されている本のタイトルは『若手部下との円満なコミュニケーション』『人と打ち解ける雑談力』だった。彼なりに努力をしていてそこに苦悩があることが窺えると、人間味とかわいげさえ感じてしまった。
おばけの言うとおり、相手の言葉以外にも読み取れる情報はたくさん落ちている。
それを拾い上げずに話すのは、あまりにもったいない。
私は少しだけ磨かれた自分の感性を誇らしく感じる。

いつもと変わらぬはずのこの世界に、私は見えない魔法のメガネをかけて、大きく一歩を踏み出した。

おばけのアドバイス

人は、自分の思いどおりのイメージを他人に持たせたい

相手が声高にアピールしてくる情報は、相手がコチラにどう思われたいかのイメージ戦略が入っているので参考にならない。

人を見極めるには、その人の周辺情報と照らし合わせてみよう。例えば次のものが周辺情報になる。

・相手の話す言葉のレベル
・会話のレパートリー
・話題の質
・本やメディアから本人が求める情報

相手の語彙力や会話のテーマ選択は、如実に相手の経済レベルや社会性を表す。いま相手が欲している情報は、本人の状況や考えを推察するのに有効。それらとすり合わせれば、言葉と行動の矛盾と相手の実態が暴きやすくなるぞ！

Lesson 03

言わなくてもわかってくれると思ってた！

暗黙のコミュニケーションを避けるのだ

おばけのアドバイスは仕事以外にも応用可能だった。

相手との会話の軸を合わせること、相手の発言以外の情報を拾うこと――それらを実践することで、友だちはもちろん、新たにマッチングアプリで出会った人とも、コミュニケーションミスもコミュニケーションレスも改善された。

そんな進歩した生活の中では、学びも増える。特に大きな学びは、「男性は話を深めたがる」ということだった。

むろん全ての男性がそうではないと思うが、話の軸を合わせて男性と会話が進むようになると、多くの男性は話を具体的に……というか、マニアックにしたがった。

例えば、私が車好きの男性同僚に、ドライブで助手席に座ることに憧れるという話をしたとき、彼はひたすら車の揺れを軽減する車の改造部品の話をしてきた。車のしくみや部品には知識も興味も薄い私は困って、彼が出した「だから最近の車は揺れが少ない。助手席も快適」という長い話の最後に出た結論に至るまで、ただ頷くばかりだった。彼は終始、私の怪訝な表情にはお構いなしだった。


しまいには、脈絡のない結論を出してくることさえある。

共感する暇も余地もなく、私はただ頷くだけだったが、最近複数人の男性と話して、皆大なり小なりその傾向を見せることに気づいた。よくこれで会話が成り立ち、周囲との関係が回るものだ。せめて、ちゃんとこちらがわかるように説明をしてほしい。

その日は、珍しく早めの電車で帰宅できた。堂々の夕方。5時台の夕日が、私のアフターファイブを明るく照らしてくれる。夕日で煌めく多摩川を小田急線の中から眺めながら、家で私を待っているであろうご褒美に思いを馳せていた。

私は毎月の給料日に、自分にご褒美をあげることにしている。

とはいえ、たいそうなものではない。いつもよりほんの少し値の張るステーキ用牛肉を買い、いつもの発泡酒がビールに変わり、さらに安いスイーツを買う程度の、合計千五百円に収まる贅沢だ。

月給二十一万円、手取り十七万円。家賃に光熱費通信費、その他もろもろを差し引いて毎月お小遣い三万円の私の数少ない贅沢……。

今月は仕事が立て込んだために、先週、そのご褒美の手配をおばけに託した。私へのご褒美の購入を頼まれたおばけは不敵な笑みを浮かべると「ご褒美どころか……やるよ……特上の快楽をな……」と三流ドラマに出てくる麻薬の売人のようなセリフで準備に取りかかった。なんにせよ、いつもどおりご褒美があれば問題はない。

自宅の玄関の扉を開け、居室に入ると、海外の子どもが被るようなキラキラのパーティー帽子を頭に載せて食卓の前に座る、ニコニコ顔のおばけがいた。食卓には牛肉の炒めものと思しきワンプレートご飯と、、欧米風のパーティー帽子とは相容れなさそうな重厚な雰囲気を漂わせた木目プリントの紙箱が置いてあった。

「ただいま！　それ、なあに？」
「おかえりなのだ！　ご褒美なのだ♪」
「わーい♪　なんだろなんだろ！」

私はここ一カ月を耐えきった達成感と高揚感で満たされながら、意気揚々と子どものようにぴょんぴょんと跳ねながらその箱の前に座った。

「開けてみるのだ、きっとビックリするのだ」

おばけは満面の笑みで紙箱を差し出した。

……が、ここで気づいた。これは紙箱ではない。

重い、重厚感すらある。れっきとした木だ。そう、桐でできた立派な箱。パカッと開かないタイプのやつ。桐の蓋を上下重ねるように作られた高級化粧箱だ。

「えっ……」

蓋を開けて私は絶句した。中身は、プラスチック製の容器に包まれたスーパーでよく見るお馴染みの4個入り286円のプリンではない。

陶器だ。桐の箱の中に、二つの陶器が入っている。深みのある茶色。陶器独特の暖色を纏う、小ぶりな壷に似た陶器の中で、淀みのない、輝かしく澄んだ黄色のプリンが堂々と鎮座していた。

「なに……これ……？」

私は自慢げな顔をするおばけに茫然自失の体で問いかけた。

「ご褒美にふさわしい最高級プリンなのだ。百貨店で取り寄せてもらったのだ。見てこの輝き、プリンってか宝石。パリコレに並んでてもおかしくないのだ」

「いや、そうじゃなくて……コレ、いくらすんの？」

「一万円なのだ」

「いっっ⁉」


驚きすぎて声が出ない。

一万円⁉　私のお小遣いのおよそ33％を食いつくす、たった二食のプリン！

「なんでよ！　なんでそんな高級のにしたの⁉　一万円だよ⁉　下手な日帰り旅行も行けるよ！」

私は勢いよく、失った一万円の弔い合戦をおばけに申し込んだ。

「先週、美紀はプリンが食べたいって言ってたのだ！　おばけもプリン食べたかったから、ちゃんと取り寄せたのだ！」

おばけは涼しい顔で私に返した。

「だからってなんでこんな高級なの買うの⁉　一万円だよ⁉　バカっ！　このエロおばけ！　アホ！　ド変態ゴミカスド変態！」

「そんな言う⁉　ド変態に至っては二度も言う⁉」

「言うよ！　だって、その一万円があれば、推しのアイドルのコンサートの資金にできたし、エステだって行けたかもしれないのに！」

「ご褒美は両立しないのだ！　明らかに予算オーバーなのだ！　どれか諦めるのだ！てか一万円でどんだけ贅沢しようとしてるのだ！　エステなんて顔コネられるだけなのだ！　パンか⁉　焼き上がり前のパンなのか⁉」

「でもなんでこんな高すぎるものを！　私はご褒美にプリン買っておいてって言っただけなのに！　ああっ！　もおっ！　諭吉ィィ！」

「諭吉って呼ぶな！　元カレか！」

おばけと私はゼエゼエと息を切らし、食卓を間に、休戦協定を結んだ。

「そのくらいわかるでしょ!?」問題

お互いがプリンとコーヒーを前にして、食卓に着いた。

おばけはコーヒーを一口飲み、私に向かって口を尖らせて告げた。

「反省点を整理するのだ」

「私にはないわよ」

私は自分でも驚くほどに強硬な姿勢を示した。そもそも、一万円を勝手に使われて、ご褒美計画を台無しにされたのは私なんだから。

「あっ！　そーゆー態度するのだ!?　三十手前にもなって!?　ずっと子どもでいるのだ!?　痛いー！　痛いのだ！」

おばけはパーティー帽子をベッドに置き、プリンが佇む陶器の蓋を開けた。ふわっと卵とカスタードの柔らかで甘い香りが部屋を包む。

「いただきます。のだ」

おばけは私に聞こえるか聞こえないかの小さな声でつぶやいてプリンをほおばった。私も負けじと一口。

濃厚な甘味が、私の舌を極楽浄土へ導く。濃縮された卵本来の甘味を感じる。おばけに至っては、いまにも天に召されそうな、やりきった感溢れる顔をしている。顔が「天国を求める顔」だ。なにもやりきってないのに。

その後十分間、無言で私とおばけはプリンを味わった。少しずつ減っていくこの幸せの塊が、スプーン一口でおよそ千円もするのかと考えると、まるで悪いことに手を染めたような罪悪感にすら駆られた。

大人しく無言で幸せを噛みしめ、コーヒーの苦味でその幸せを締めくくった。

「この惨劇を二度と起こさないために――」

「わかってる」

いつも同様、食べたものが口元についたままのおばけが切り出した言葉に、私は食い気味で同意した。おばけの口元のカラメルが動く。

「よろしいのだ。同棲するうえで、この『暗黙の了解問題』は家庭内不和につながる深刻な問題なのだ」

そう言うとおばけは仕切り直すように、仰々しく息を吸った。

「世の中には、『暗黙の了解』と呼ばれる目に見えないルールや慣習、そしてコミュニケーションの罠が存在するのだ」

聞いたことがある。というか、似たようなことは誰もが体験するのではないだろうか。言われなくても空気で察する、そんな見えない常識。それが暗黙の了解。

「その暗黙の了解が、今回のプリン事件となんの関係があるの？」

「勝手に事件簿まで付けないでほしいのだ。あくまで事故なのだ。しかし、ストレートにこれが今回の原因なのだ」

ん？　……原因？　原因はおばけが勝手に高級プリンを買ったことでは……？

首をかしげる私を見つめながらおばけは続ける。

「まず確認するけど、『暗黙の了解』ってなんだと思うのだ？」

あらためて説明しようとすると難しい。私は腕を組み、考えながら答えた。

「ん～……？　その場にいる人とか関係者が、口には出さないけどわかっている……こと、かな？」

「そう。当事者間がわざわざ口に出さないでも、相手と意思疎通ができていると思ってることを言うのだ。でも、実はこれはかなり危ない罠で、仕事でのミス、夫婦恋人間のコミュニケーションミスでは、半分くらいこの『暗黙の了解』が原因なのだ。事故多発地帯なのだ」

私はかしげた首を戻し、「どーゆーこと？」の視線をおばけに送った。

「今回のプリン事件なら、僕は事前に『ご褒美に、プリン』って情報しか得てなかったのだ。美紀も同じで、『ご褒美に、プリン』とだけ思っていたはずなのだ。でも、その『ご褒美に、プリン』の中身について、お互いの認識が違ったのだ。おばけは、たった月一回のご褒美だから奮発するものだと思っていたし、美紀はあくまで普段よりちょっと高め程度の価格で収めてほしいと考えていたのだ。ここまでOKなのだ？」

私は大人しく頷いた。私たちの行方を見守るプリンの陶器は、プリン本体を失くしても高値であることがわかるほどの神々しさを維持していた。

「つまり、お互いゴールは『ご褒美プリンを食べる』ことだったけど、そのゴールま

でのたどり着き方についてお互い確認し合わず『暗黙の了解』としたから、プリンの値段にズレが出たのだ」

たしかにそうかも。事前に価格やそのプリンを買うお店を伝えていたら、きっとこんな惨劇は起こらなかった。コーヒーをすすりつつ、プリンも理屈も腹落ちしてきた私を見ながらおばけはさらに続ける。

「この『暗黙の了解』の厄介なところは、同じコミュニティに所属する人であればあるほど、発生しやすいってことなのだ。例えば、夫婦や長く付き合う恋人。長く一緒にいるからこそ、お互いに『言わなくてもわかるだろう』と、相手にゴールまでの道筋を伝える行為をおろそかにしてしまうのだ。これはお互いの信頼度とは無関係で、単純に『自分の意思や考えを伝える大事なコミュニケーションをサボっている』以外の何物でもないのだ」

この見た目がふわっとしたおばけはアドバイスになるとズシッと質量のあることを伝えてくる。

「じゃあ、私とおばけはご褒美のプリンにたどり着くまでのコミュニケーションが少なかったってことか……」

「そうなるのだ。あのとき、ちゃんと話していれば、今頃プリンはもっとおいしく……」

おばけはオイオイと泣きながらプリンの陶器を抱きしめた。

「ちなみに、『暗黙の了解』は、一般的に専門的な会話を好むとされる男性に多い現象なのだ。もちろん、全ての男性がそうではないけど、**男性は同僚であれ恋人であれ夫婦であれ、親しくなれば親しくなるほど相手との口数を少なく済ます生き物なのだ。**なぜかそれを男性間では信頼の証と考える人も根強くいて、伝えるコミュニケーションを意図せずサボっている社会人男性は多いのだ。逆に言えば、もし自分が女性だとして、一緒にいる男性が黙って自分の近くにいたら自分に心を許していたり、居心地がいいと思っている証拠かもしれないのだ♪　おばけも、居心地がいいと不覚ながら『暗黙の了解』でコミュニケーションをサボってしまうのだ」

ほほう……。信頼すると話さなくなるのか、男性は。そして、おばけ……私に気を許していたのか。意外とかわいいな、おばけ。

「あと、男性が勝手に盛り上がって、一方的に話を掘り下げて、誰も理解していないまま結論に至っていること、よくあるのだ？　あれは、本人からしてみるとゴールに向かって一直線に、理路整然と話をしているつもりなのだ。でも、それを聞いてる周りの、話題に対する基礎知識のレベルを確認していないから、話の理解度が揃わないまま話を進めてしまっているのだ。聞き終わった後、みんなポカーンなのだ」

まさに私が今日感じたことだ。こちらがついていけてないのはお構いなしに、話を勝手に深めていく男性たち。

「これも一種の『暗黙の了解』で、相手の知識レベルや理解度に配慮しないまま話すと、会話のゴールにたどり着いた際に全く違う感想や感動、認識を持つことになるのだ。気を付けるのだ」

伝えることを怠けない

「私、どうやったらこういうの避けられるかな？　暗黙の了解。今後たくさんプリン買われたら困っちゃうし」

私は少しだけ冗談めかして、おばけに解決策を求めた。

「簡単なことなのだ♪　６Ｗ１Ｈを活用するのだ」

ロクダブリューイチエイチ？　……ロクダブリューイチエイチ？

頭の上に疑問符が浮かぶ私を、おばけがジト目で見つめる。

「中学校の英文法で習うのだ。Who（誰が）、What（なにを）、When（いつ）、Where（どこで）、Why（なぜ）、Which（どの）、How（どのように）のことなのだ。これを意識的に会話に盛り込めば、相手と共通認識を持てるのだ。例えば、プリンなら『おばけ、286円のプリンを、給料日に、いつものスーパーで、現金で買ってきて』って言えば齟齬ないのだ。必要情報はこれを意識すればバッチリなのだ！」

たしかに、大抵のことはこれで足りそうだ。まさか中学の英文法が普段の会話にも役に立つとは……。

「じゃあ、こちらの理解度を気にせず勝手に知識を一方的に喋り続ける人へはどうすればいいの？」

おばけはまたクスクスと笑いながら子どものような笑顔で私をたしなめた。

「そのリクエストが出るってことは、周りにそんな男性がいて困ってるってことなのだ？　それはなかなか面倒な思いをしているはずなのだ。ビジネスでは、個々の知識や経験差、コミュニケーションの特徴に差があっても会話せねばならないから大変なのだ」

Who Where Which What
おばけ、 スーパーで 286円の プリンを
When How
給料日の19時までに 現金で 買ってきて。
Why
ぜいたくしたいの。
プリン
わかった
のだ！

ひとしきり笑い終えたおばけはコーヒーを一口、ズッとすする。

「こちらの理解度を考えず、勝手に喋り倒す知識の塊のような人……たしかによくいるのだ。そんな人たちは、知識は申し分ないが、お話が下手なのだ。知識レベルが低いこちらからできることとしては、**『相手にこちらの知識レベルと目的を伝えておく』**。これに尽きるのだ」

「まず先に、私、なにもわからないです！　って言っておくってこと？」

「それだとちょっと、全く興味がないみたいな悪印象を与えかねないのだ。そうではなくて、**『知識は全くないけど、△△のために○○について教えてほしい』とか、目的とセットで伝えるのだ。**きっと、その○○をゴールとした周辺情報を、勝手に喋り続けてくれるのだ」

おばけは食器を持って、キッチンにゆらゆら向かいながら続けた。

「わかりやすく喩えるなら、ラーメンに詳しい人に『おいしいラーメンは？』とざっくり聞くのではなく、『私はラーメンに詳しくないし興味もないんだけど、今日の昼ごはんにラーメン食べたいからどこか近場でいいとこ知らない？』って、目的を定めて聞くのだ。そうすれば相手は膨大なラーメンの知識から、昼ごはん向けの近場のラーメン屋をダーッと喋ってくれるのだ」

おばけは食器を水に浸けてくれた。このおばけは、さりげに家事能力が高い。

「そもそも、人のコミュニケーション方法を他人がコントロールするのは難しいのだ。だから、今回ならば相手を本のように扱って、『必要情報の在り処』として必要情報だけを的確に引き出せるようにコミュニケーションするのが賢明なのだ。ちょっと性格悪いかもしれないけど」

そう喋り終えると、おばけは口元を隠すように、またクスクスといたずらっ子のような笑い声を漏らした。

しかし、わかった。たしかにそうだ。全員に対してバッチリ噛み合ったコミュニケーションをするのは難しい。相性もあるし。

「相手に合わせた聞き方と、暗黙の了解にならない伝え方。この二つを徹底できれば、相手がどんな人だろうが、適切にコミュニケーションが取れていくのだ」

明るく解説の結びを終えたおばけはテーブルのコーヒーを両手で抱え、ふうふうと冷ましながら飲み干し、少しだけ残念そうに言った。

「しかし……あんなおいしいブルジョワなプリンを食べたら、今後普通のプリンに戻れるか不安なのだ……。セレブとは、自らの自由と幸福を制約することだったとは……。叶姉妹とか逆にどう生きているのだ……？　まさか……セレブとは幸福の奴隷ってことなのだ……!?　これが……哲学……!?」

私は、自問自答して一人天を仰ぐおばけから学んだ一万円のアドバイスを復習するように、手帳のメモに書き加えた。

おばけのアドバイス

相手に的確に意思や要望を伝える努力をサボらない

ゴールだけを伝えると、そこにたどり着くまでの道のりや手段に大きな認識の差が発生し、失敗する可能性が高まる。

6W1Hに沿って目的や手段を漏れなく伝え、認識の齟齬を防ぐことを心がけよう。

コミュニケーションが苦手な相手と対話する際は、「なにを（what）」「なぜ（why）」という目的を明確にすることで、最短距離で意思疎通ができるようになる。

Lesson 04

なにが言いたいのかわからなくなってしまう

感情のカテゴライズで自分の心を分析するのだ

私の人生は、幸福のあとに時間をゆっくりかけて不幸がやってくる。

幼い時からその二つが必ずセットで訪れたものだから、いまや幸福が訪れても素直に喜べず、いつ不幸がノックしにくるかがすぐに気になってしまうひねくれた性分に育ってしまった。そう一人諦め気味のため息を吐き出した。

三週間前、ついに私に彼氏ができた。おばけに教わった会話の軸を合わせる方法や、相手の求める情報を見る作業を徹底した結果、驚くほど簡単に関係が進展した。

仕事に嘘もなく、鍋セットの勧誘もない。

恋愛なんて実に久しぶりで、本当に嬉しかった。最も感極まったのは、私のために彼が少し高めのレストランに連れて行ってくれて、誕生日でも季節行事の日でもない、なんの変哲もない平日を、「付き合った記念日」にしてくれた瞬間だった。灰色に濁りかけていた私の人生のキャンバスに鮮烈で鮮やかな色彩が加わった気がする。

でも、いずれ不幸という漆黒のペンキが、のそりのそりと熊のような重厚な足取りで静かに近づいてくるだろうな――と思った、まさにそのとたんのことだった。黒ペンキでできた熊が、私のキャンバスを塗りつぶしてしまった。

マッチングアプリで出会っておいて、決して文句の言えた立場ではないが、現代は明らかに情報過多だと思う。不要な情報や不幸な報せまで否応なく受け取らねばならない。望んだ情報だけ受け取れればいいのに。そうしたら、いま私のスマホのSNSの中に映る、彼氏の楽しそうな顔も見なくて済んだのに。

一歳年上の彼はとてもアクティブな人間だった。休日に外に出かけないと身体の筋肉が収縮して爆発してしまうと思っているのだろうか、山登りにキャンプに、彼の生活はアウトドアに満ちていた。

私には、そんな夏休み中の子どものような無垢な行動力に溢れた彼が眩しかった。きっとそれが、生粋のインドア派である私が彼の求愛をＯＫした理由だ。


そんな彼が先日、私に「アスレチックに行こう」とこれ以上なく彼らしい提案をしてくれた。私からすると、付き合って初めて彼の光に触れるチャンスだった。

二つ返事でＯＫし、日にちこそ決めなかったものの、私は早速アスレチックについて調べはじめた。多くは公園内に設置されるが、室内型の大型施設なら幼児から大人まで楽しめる幅広い運動器具があるようだった。本格的なところでは、水上に足場があるものもあった。落下したら、もちろん水浸しになるので着替え必携だ。

その耳に新しすぎる情報を得る過程までも楽しみながら、私は期待を膨らませていた。さながら遠足を待ち望む小学生のような気持ちで、その予定の確定を待っていた。


そんな中、これは裏切りだとすら思ってしまった。

仕事中、ふと開いたＳＮＳの中の彼は、私の楽しみにしていたアスレチックで、私に向けるはずだった笑みを、私以外の人間と満足気に浮かべていたのだ。

被害妄想なのはわかっている。彼が友人たちとどこへ行こうがそれは彼の自由だ。だが、しかし。私と行く予定はどこに行ったのだ？

私が特別に楽しみにしていた、私との約束は、彼にとってはその他の予定と全くもって変わらないレベルの重要度しかないのか——？　いや、彼に悪気はないだろう。私が勝手に期待して、勝手に落胆しているに過ぎない。

それでも、自分だけが楽しみにしていたようながっかり感がやるせなかった。


しかし無慈悲に災難は畳みかける。おばけのおかげで少しはマシになったものの、まだまだ話すのが苦手なのに、今日は営業プレゼンの日。さらにその後、彼に会う予定になっていた。

置いていかれたことへの怒り、アスレチックへの渇望、そして朝から何度やり直しても営業資料を突き返してくる上司への苛立ちの波……。まだ自分が仕事中であるという現実が、まるでテトラポッドのように私を荒れ狂う波から守ってくれた。

しかし、私が荒波の中でなんとか直した資料を見た上司は、大きなため息を一つついて、「もういいよ」と匙を投げてしまった。

案の定、プレゼンはぐだぐだの極みだった。課長・部長軍からあれやこれやと「意味がわからない」と質問攻めを受けた。挙げ句、自分でももはやなにを言うべきなのかわからなくなり、零れ落ちそうな涙を堪えるべく黙り込んでしまった。

デスクに戻り、私はため息をつく。静かで醜悪な感情に満ちた無色の空気が、私の周りを取り囲んでいく感覚がする。数年ぶりに買い直したウォータープルーフのファンデ、塗り直したネイル、新しくおろしたスカートを思った。その全ては存在意義を奪われ、行き場のないエネルギーに変わっていく。どうにも開き直れない感情の重量を感じながら、私は再び深呼吸に似たため息をついた。

待ち合わせの場所に、彼はいつもどおりの笑顔で現れた。爽やかな白Tシャツ、風どおしのよさそうなネイビーのハーフパンツ、そしてスポーツブランドの蛍光色がちりばめられた夏用スニーカー。軽快な服装のその全てが天真爛漫という言葉を具現化しているようだ。彼は、その健康的な褐色の肌の魅力を最大限に発揮しながら私に近づいてきた。

「わあ、久しぶり」

屈託のない笑顔と、語尾を伸ばしたり、嫌みを含む余地すら設けない彼の飾らない挨拶に、私は申し訳なさそうな顔で告げる。

「ごめんごめん、仕事が長引いてちょっと遅れた」
「いいよいいいよ、しょうがない。ちょっとだけでしょ」

いつもと変わらない二人の調和の取れた会話のテンポ。韻文的にリズムの合う私たちは近場の個室居酒屋に入り、お互いの仕事の話を肴に盛り上がった。

そしてそんないつもの会話を繰り広げるからこそ、自分の中にうごめく違和感がわかる。店員に頼むお酒の味を選ぶことに興味を失くす頃、私はまた心の奥底から絶たれたアスレチックの予定の怨念が、蛇のように鎌首をもたげて甦ってくる感覚を肌に感じていた。

「ああああ！　お供え物が毎回毎回リンゴとバナナってどーゆーことなのだぁ！　いまどきもうちょい他にあるのだ⁉　動物園のお猿さんでも、もうちょっと栄養バランスと献立の考えられたいいものを食べてるのだ！　もう最悪タピオカでもいいから、もっとこうオシャレでスタイリッシュで令和を感じるお供え物ないのだ⁉　…………えっ！　お供え物、カタログギフト⁉　まさかのセルフサービス⁉」

翌日、寝言とは思えないテンションで悪夢と戦うおばけを後ろからクッションのように抱きしめながら、私はベッドの上で二日酔いの頭痛と闘っていた。

昨晩のことは覚えていない。そして思い出したくもない。酔いに任せて、ひたすら恨み節を彼にぶちまけてしまった。自分が彼とのアウトドアにどれだけ思いを馳せて、それを楽しみに日々の仕事を耐えてきたか。そしてその期待を大して知りもしない彼の友だちに横取りされたこと。

勝手な言い分であると自覚的なぶんだけ自分の惨めさに耐えきれなくなり、私は途中で泣き出して五千円札一枚を置いて居酒屋を飛び出した。事態を飲み込めない顔でひたすら謝り続ける彼に、私はなにも言えず、逃げるように居酒屋をあとにしたのだ。なんでずっと謝ってくれてたのに、私は満足しなかったんだろう。なにが欲しかったんだ。

まるで自分が、光を求めて右往左往する蛾のように感じる。

私はなにが――

「おおおおお!?　まさかのグラドルＤＶＤがお供え物!?　えっ!?　ブルーレイ!?　マジでなのだ!?　え、お供えってかそんなのお供えされたらマジで成仏不可避なのだ。この世に未練などないのだ。ブルーレイと一緒にエターナルフォーエバーネバーエンディングずっと暮らすのだあああああ！」

上顎から二本ある八重歯を覗かせながら口元をニヤつかせるおばけ。夢の中にでもいない限り、大人しく抱きしめさせてはくれない。フワフワとビーズクッションのような触り心地のおばけはほんのりと温かく、私はおばけを力の限り抱きしめることで、その瞬間の安心感を得ていた。

「いや、痛いのだ」

その白い背中に体重と不安を預けながら、私は昨日までの自分の感情を整理できず、ひたすらおばけを抱きしめた。

「痛いのだぁぁ！　いつまで抱きしめてるのだ⁉　圧力強すぎてもはやプロレス技だったのだ！　おばけがポップコーンだったら弾けてるのだ！　このレベルの技は練習を重ねてリングの上で安全と安心に配慮したうえでやってほしいのだ！　てかそもそもお昼寝中に突然プロレス始まって腰折られそうとか、どんな愛情なのだ⁉　体育会系メンヘラか‼」

おばけは寝転んだ私の腕の中で、一本釣りされたカツオのようにビチビチと暴れて文句を声高に叫びながら目を覚ました。

「あ、ごめん」

私は腕を緩めてベッドから起き上がった。おばけが私に締められたせいで、砂時計のような体型になっている。

「モデルデビューも夢じゃないクビレ体型になってしまったのだ……」

おばけは不機嫌そうにそう言うと、テレビをピッと付けた。映ったワイドショーでは、政治家が政治記者からの手厳しい質問に顔を歪ませながら、嫌みめいた返答をしていた。

時計はすでにお昼を過ぎていた。本来ならば浮足立つ休日の土曜日だ。いつもならメイクもほどほどに、買い出しにでも出かけながら、なにをして過ごそうかワクワク考えるところだが、私の気分はいままでにないほどに沈んでいて、それどころではなかった。いま怒られたばかりのおばけに、背負ったストレスの重しと一緒に再度抱きつきたい衝動に駆られるばかりの、殺伐とした心境だった。

おばけはいくつかチャンネルを回して、お笑い芸人が数十人も出ているバラエティで指を止めた。緩やかに温度を高め、スピーディーに進む彼らのドタバタ漫才を私はおばけと十分ほど眺めた。天然気味の若手芸人が大御所司会者にツッコミを受けているシーンで、私は自分の口元がちょっとだけ緩んだことに気づいた。

その口元を横目で見ていたおばけが口を開いた。

「よかった。楽しいことには反応できてるのだ? 瞼がまだ腫れているから、なにも考えられない状態で、いまなにを言っても聞き入れられないのかも……と心配だったのだ。でもそうじゃなさそうなのだ。だから……ここから僕がしっかり話を聞いてあげるのだ。なにがあったかは知らないけど、安心するのだ。美紀にはおばけがついているのだ」

おばけはなにも言っていない私にゆっくり向き直った。そしてその言葉に、堰を切ったように涙が止まらなくなった私に、自信ありげな顔で微笑んだ。

感情がぐちゃぐちゃになる理由

「なるほど。つまり、彼氏が自分と行くより先に勝手にアスレチックに行ったのが許せず、彼に怒ったはいいが、その怒りをうまく説明できなかったってことなのだ？」

そのとおり。うまく説明できたかはわからないが、私はおばけの前でみっともなく泣きながら、数十分にわたり、ツラかった営業プレゼンやこの不機嫌の引き金となった彼との出来事を必死に説明した。

誰だろう、涙は美しいと言い出した人は。顔もグシャグシャ、気持ちもグシャグシャ、言葉も嗚咽でろくに発せられない、そんな状況のどこが綺麗なんだ。

その間、いつものようにおばけはたまに頷きながら私の話をひたすら聞いて、ふんふんと目を見ながら相槌を打つ程度の静かな反応を繰り返した。

やっと目からも口からもなにも出てこなくなった。私は説明し疲れてしまい、ふっと糸が切れた人形のようにぐしゃっと食卓テーブルに崩れ落ちた。ここまで拳を握りしめてなにかを熱弁したことは、きっとない。

おばけがやっと口を開く。

「混濁しているのだ」

コンダク。コンダクってなんだろう。

「いまの美紀は、感情がいろいろ混じって乱れているのだ」

私は食卓テーブルに突っ伏した顔を上げた。おばけが優しく続けた。

「人間は、感情が混ざり合うと、自分の抱いている感情の性質がなんなのかわからなくなってしまうものなのだ。それをどうしていいかわからなくて、一つの大きな感情にざっくりまとめてしまうのだ。最も代表的なものが『怒り』なのだ」

おばけはゆっくりと身を乗り出して私に向き合う。

「そもそも怒りに至るまでには、様々な感情があるのだ。『恨み』『嫉妬』『反抗心』

『不安』など、いろんなものがあるのだ。今回の美紀も、アスレチックに行くという口約束をずさんに扱われたと感じて、大きな『怒り』を感じたと思うけど、その中身は恋人が自分以外と遊びに行った『嫉妬』や、寂しさゆえの『不安』があったのだ」

　どことなく、根拠はないけどそんな気はしていたのかもしれない。私はおばけに投げられた言葉を正面から受け取ることができた。そしてそう、仕事中から待ち合わせまで、ずっと私は彼の不義理に怒っていたけど、居酒屋で泣き出したときの私の感情は確実に寂しさゆえだった。

　そしてそれが伝えられなかった。終始「ひどいよ」と憤慨する言葉だけを喚き散らした私は、一度として「寂しい」だなんて言わなかった。頭の片隅にすらなかった。どうしてだろう、どうしてしまったんだろう私は。

　おばけは私以上に、初めからわかっていたようにサクサクと続けた。

「ほんとはその寂しさをわかってもらいたかったのだ？　なのに、ずっとざっくりの感情である『怒り』を彼にぶつけてしまったから、彼はどうすればいいかわからずに謝るしかできなかったのだ。**怒りのせいで、自分の怒りの原因を理解してもらうだけ**

の説明が、美紀はできなかったのだ」

悲しさがまたこみあげてくる。私はなんてことをしてしまったんだろう。自らの寂しさ……いや不安を怒りに変えて、ただ友人たちと楽しんでいた彼に、出口のない謝罪をさせていたのか。

本当に感じている感情を見つけ出せ！

俯きはじめる私に、おばけはいつになく真剣な顔でさらに続けた。

「実は人間は、自分の感情を完全に把握できない生き物なのだ。感情の分別を間違えると、本当は寂しいのに相手に『自分は怒っている』と伝えてしまったり、慰めの言葉が欲しいのに、怒りへの同意をもらってしまったりと、コミュニケーションにズレが起きてしまうのだ。伝えたい感情と、感じている感情のズレは、さらなるトラブルを呼ぶのだ。

もし自分が怒っていると感じることがあったら、いったん『いま自分が抱いてる感情は、怒りの中の感情のどれか』『その怒りを引き起こした感情はなにか』を確認し

主な怒りの種類
軽蔑
どうしたらいいのよ!!
そういうことしちゃうんだ……。
不安
義憤
ずるい!!
嫉妬
そんなの間違ってる!!
人としてどうなの!?
不満
許さない……。
恨み
もっとこうしてほしいんだけど……。
「涙出る系」の強い感情は、細かくカテゴライズできるのだ。
あなたが抱えてるのはどれなのだ？
孤独
もう
ムリ……。
絶望
愛惜
寂しい……。
幻滅
がっかり……。
大好き
だったのに!!
虚しい……。
意味ないじゃん……。
虚無
亡くなって
悲しい。
哀悼
憐憫
かわいそすぎる!!
後悔
主な悲しみの種類
あーすればよかった……。
こーすればよかった……。

てみてほしいのだ。それがわかれば、相手になにを伝えるべきかがわかるのだ。そしてきっと、欲しい言葉ももらえるのだ」

言い終えるとおばけは、私の頭を輪郭のない手でなだめるように撫でてくれた。

私は水分の枯渇した瞼を閉じて、何回も頷いた。謝ろう。彼に。ちゃんと自分の感情を整理してから。正しく伝えよう、いまのこの感情を。

私は拳を握り直し、意を決してグイッと涙をぬぐった。

次の月曜日、私は定時を過ぎたタイミングを見計らって彼に電話をかけた。

数百年の密度を感じた、たった数分の会話を終えて電話を切ってから、私は電車を待つホームに上がった。そこで自分の頬が濡れていることに気づいた。雨は降っていない。

涙の理由は、私を許した彼への感謝と彼からの謝罪、そして今後も一緒にいられるという安堵の念だ。

電話の間、私はずっと昨日おばけに言われた言葉を反芻していた。

「感情は混濁する」

「感情の分別を間違えると、本当は寂しいのに相手に『自分は怒っている』と伝えてしまったり、慰めの言葉が欲しいのに、怒りへの同意をもらってしまったりとコミュニケーションにズレが起きはじめる」

私は仕事用バッグの持ち手を握りしめて、自らを戒めるように大きく息を吸った。

「今後は自分の感情をカテゴライズする。自分の気持ちぐらい、わかるようにならなくちゃダメだ」

夕暮れの日差しを浴びてオレンジに映える小田急線が、仕切り直すようにゆっくりと、空気を吐き出しながら私の前に停まった。

おばけのアドバイス

感情は細かく分類して整理すると伝えやすくなる

怒りや悲しみのような、細かい種類のある感情を抱いたときは、その感情がなんなのか細かく分別してみよう。感情を細かく分解すれば、自分が本当はなにを感じていて、なにを伝えればよくて、相手になにをしてほしいかが見えてくる。

人間の感情は複数の感情が混じっているもの。それを分類してみると、相手にもわかるように説明できる。特に怒りや悲しみのような「涙が出る系」の感情は、カテゴライズできる種類も多い。

いったん紙に書き出すと整理がつけやすい。感情の勢いや大きさ、種別を把握することで、その感情の処理の仕方がわかるのだ。

Lesson 05

相手の言葉を引きずってしまう

言葉の毒を解毒するのだ

「ねえ……ほんとねえ。ありえないからねえ。利益つけずに商品売るってねえ」

統一された語尾で私をなじるその男は、今年勤続三十五年を迎えるという。会社にはそれを小さく祝われたが、家族は覚えてなかったそうだ。薄情だ、俺の稼ぎで飯を食べているくせに、と先週居酒屋で大声でこぼしていた。家庭を持つサラリーマンが唯一自身の権威を表現できる場所、それが会社なのかもしれない。

そしてその権威は、他の社員を屈服させるものだった。威圧的な口調で命令を遂行させ、失敗すれば嫌みたらしいなじり口調が始まる。社員の話は聞かず、一方的に決めつけてまくしたてる。彼は、社内ストレスの生産元以外のなにものでもなかった。

今日、その威圧的な語尾の矛先が向いているのは、まぎれもなく私だ。

今回私は、見積もりに利益をつけず近隣の卸商社に売ることを約束するというミスを犯してきたのだった。

そのミスを、上司はまるで気に入らない芸能人のゴシップネタのように経緯と憶測を何度も交ぜた呪文のように変換し、ずっと唱えている。営業所内の私のデスク周りを練り歩くように徘徊している彼は、さながら妖怪のようだった。


「聞いてるの!?　ねえ!?」


下手なことを言えば火に油と目に見えているためか、同僚たちは見て見ぬふりして自分の仕事を進めている。

いつもと変わらない雑音の中で、私は自分の涙を堪えることで精いっぱいだった。いまこの上司に言われたぶんの反省をする余裕などない。怒号への恐怖と、いたたまれなさ。防波堤を越えようと押し寄せる涙を、私は文字どおり水際で堰き止めていた。

「このままだったら会社にお金来ないんだよ？　どうなるかわかる？　お給料ないと食っていけないよねえ？　どうするの？」

「申し訳ございません」

大声かと思いきや、蛇のささやきのような間延びした声でねちねちと責め立てる。いや、蛇のささやき声なんて、聞いたことはないけど。私は、喉元までこみ上げる自分の涙声を必死に抑えて、お詫びの言葉を吐いた。

「じゃあどうするの」
「他社……別案件で、今回ぶんの利益を取り戻します……」
「他社にもう出してる見積もり変えられるわけないでしょ！　ちょっとは考えてよねえ」

うんざりだ。もうこれ以上、どうしろというのだ。なにを言えば許されるんだ。

「今日中に手段を考えといてよね。ね!?」

そう吐き捨てて妖怪は、私の前から自分の住処へと引き返していった。わなわなと怒りと後悔に満ちた私の感情は、防波堤に迫る大海の後押しを受けて、まばたきを合図に私の目から涙を押し出した。

そのあとも散々だった。一刻も早くミスを取り返すべく、私は午後ずっと奔走したが、普段なら考えられないうっかりミスを繰り返した。

今日はなにをやってもダメな日かもしれない。

休憩室で、同期の女の子に「ねえ、大丈夫？」と声をかけられたが、最初の「ねえ」の時点で震えあがり、気持ちが悪くなってしまった。妖怪の口癖が頭をよぎったのだ。

返事もそこそこに、安全地帯を求めるように、私は夕方も早めに会社を飛び出した。

自宅に帰るとおばけはいなかった。週のうち三日から四日は、おばけはどこか別の家に泊まっているのだ。

鏡の前で腫れた瞼をマッサージする。この顔じゃ、明日は誰にも会えない。泣き顔を秒速で補修する化粧品があったら、泣き虫な私はすぐさま購入するだろう。

鏡を見ていると、今日受けた言葉が脳裏に蘇ってくる。ねちっこい語尾と一緒に降りかかる怒号。読めない会話の音量。突然上がる会話の音量に、私は驚き怯えるしかなかった。

ため息をついて私はゆっくりと服を脱ぎ、湯船にお湯を溜めた。今日一日ぶんの疲れも穢れも、この熱い湯で流れていってほしい。

スマホをジッパー付きのプラスチック袋に収納し、私は半身浴を始めた。決してのびのび足を伸ばせるような湯船じゃない。この浴室がまるで独房のように感じる。目的もなくＹｏｕＴｕｂｅをスクロールする。なにか映像を見れば気分も変わるかと思ったが、やはりストレスの入れ替えや消去なんてできない。社会人はきっと、ツラいことを楽しいことでごまかし続けている生き物なんだ。

私が二度目のため息をつこうとしたその時。

「たっだいまなのだあ〜！」

おばけの陽気な声が部屋にこだました。

その瞬間、ハッとした。まずい！　あのエロおばけ、確実に覗きに来る……！　そう思うやいなや、おばけは風呂場の気配に気づいたのか、「美紀はどこなのだ〜？　お風呂にいるのだ〜？　入っていいのだ〜？　じゃあしょうがないから入りますねなのだ〜？　ふふふふなのだ〜♡」と白々しく言いながら浴室前にやってきた。

私は淡々とＹｏｕＴｕｂｅを操作し、急いでプラスチック袋越しに再生ボタンを押した。

流したのは、南無妙法蓮華経だ。

おばけは髪を乾かす私の前で不満げにつぶやいた。

「ＹｏｕＴｕｂｅでお経流すって……」

「だって覗かれたくないし」

「仮に、あのまま成仏してたらあの世で僕はどんな言い訳すればいいのだ？『ＹｏｕＴｕｂｅのお経で成仏しました』は、まずいのだ。どんだけエコでポータブルな成仏のさせられ方してんだって、ほかのおばけに笑われるのだ。現代テクノロジー駆使した供養とか、もはや嫌がらせなのだ。祈る気持ちゼロじゃん……」

「知らないわよ。じゃあ覗こうとするのやめなさいよ」

髪を乾かし終えた私は冷蔵庫を開き、中身のモノのなさに少しだけしかめっ面をした後、おばけに声をかけた。

「おばけ、スーパー行こ」

おばけは私の真横をフワフワと浮きながら、スーパーまでついてきた。その間、おばけはスマホを操作し、近場のファストフード店のクーポンを探して、いまからスーパーで買い物をして自炊することと価格を比べて一喜一憂している。

灯りはじめた電灯が私の影を大きく地面に伸ばす。おばけの影はなく、少し寂しい気持ちになった。意気揚々とスマホを操作するおばけと対照的に、陰鬱とした私の気分は未だ晴れることはなく、色濃く映る地面の影と同じように今日の苦い思い出が一生ついてくる気がする。

「ま〜たなにか悩んでるのだ?」

おばけが無邪気な笑い声で私に話しかける。

「うん。でもね、いつもの悩みと違うの。ただ怒られてへこんでるだけだから。私が悪いし、私が反省することなの。だから大丈夫。ちゃんと前に言われたように、気持ちの整理もついてるよ。悲しいんじゃなく、私はいま、悔しいんだと思う」

おばけはスーパーの入り口をくぐりながら、なぜか理解と不安の入り混じった複雑な表情でコクコクと相槌を打った。

平日の夜のスーパーはまだまだ混み合っていた。全ての人にこれからの献立や食事計画があり、楽しみや悲しみがあり、そして家族や恋人と一緒に食卓に向かうのだろう。

しかし、冷蔵庫を覗いて無計画な義務感に駆られておばけと一緒に家を出ただけの私には、これといった方針はなかった。スーパーに着くまでもなにか作るのか買うのか、そしてなにを食べたいかも考えてなかった。眺めていたら、なにか思いつくだろうと思っていた。

「おばけ、なに食べたい？」

「美紀……見てほしいのだ……。コレは……!!」

おばけの視線の先には国産牛肉が特売価格で売られていた。脂身の少ない綺麗なピンク色の牛肉。

「この上品な脂……。そしてこの色、輝き、オーラ……！　牛の鳴き声まで聞こえてきそうな上等肉なのだ。今夜の主役はコイツに決まりなのだ。おばけは全身で牛を感じたいのだ。さあ、我が買い物カゴへ、愛しの牛様。ウェルカムなのだ」

１００グラム４９８円。高値だ。特売とはいえ、まだまだ私の財布の中身からは程遠い国産高級牛肉だ。しかし……

「いいよ。それ買お」

「ハァ!?」

簡単にＯＫを出した私に、おばけが驚愕の顔を向けている。アゴが外れるんじゃないかというぐらいに口をぽっかり開けて、二本の八重歯が丸出しだ。

「なに言ってるのだ!?　こんな高い肉買えるわけないのだ！　いつもの１００グラム１００円の特売肉じゃないと家計が破綻するのだ！　どうしたのだ!?　金あるのだ!?　優しすぎるのだ！　なにその財布と心のキャパ!?　菩薩!?　菩薩なの!?　セレブ菩薩

なの!?」

月の小遣い三万円の私は、スマホアプリの利便性に助けられ、家計簿を細かくつけている。なんと、ここ一年間の家計の支出は前年を大きく下回ることができていて、先月おばけとその達成を二人で喜び合った。小さな努力も、積み重なれば小さな国内旅行一回ぶんくらいの旅費になったことを喜んだ。しかし、それも今日はどうでもよかった。大きくその支出記録を壊すことになっても、今日は落ち着いていられない。

「うるさいなあ……いいじゃん。なんか今日はそんな気分なの。ご褒美が欲しいの」
「こんな肉があっさりと出てくる食卓なんて逆に嫌なのだ！」

私以外に自分の声が誰にも聞こえないのをいいことに、大声で驚き続けるおばけを無視して、カゴに牛肉を放り込んだ。少しだけ勇気が必要だったけど、今日はなんだか勢いがあった。

「おばけ、行こう。せっかくだから、ちょっと高いお酒も買っちゃおう」

床板が木目に変わる高級酒コーナーに私が足を踏み入れようとしたそのとき、首元にひんやりとしたものが当たった。

首をきゅっと絞められるのかと思い、私は驚いて振り返った。おばけは私の首に翳した手を引っ込め、悲しげな顔で私の顔をじっと見つめていた。


「え、なに!?」

「なにをヤケクソになっているのだ？　さっきから変なのだ」

「変じゃないよ！　嫌なことがあったからなんとなく贅沢したいだけじゃん！　そんなに悪いこと!?」

「悪いなんて言ってないのだ。ただ、思ったとおりなのだ。毒を盛られたのだ？」

毒？　毒を盛る？　そんな時代劇に出てきそうなセリフをまさかこんな住宅街のどこにでもある大型スーパーで聞くとは思わなかった。


「……毒？」

私はおばけの目を見て聞いた。吸い込まれそうな黒目は、恐ろしく深かった。

「いったん、買い物は休憩するのだ」

なにもかもうまくいかなくなるのはなぜ？

大型スーパーにはだいたい高齢者や幼児連れの客が来ることを見越して、休憩用のベンチが設置されている。そのベンチに二人で（周りから見れば私一人で）座り、スーパーで買った98円のホットの缶ミルクティーを一口、口に含んだ。

その間、おばけはなにも言わず隣でこの時間を楽しむかのようにニコニコしながら大人しく座っていた。

「……毒？」

私は再度、その日本語を初めて口にする子どものようにおずおずと、おばけに聞いた。

「まずは、ゆっくり味わって飲むのだ。ミルクティー、おいしいのだ？　おばけも大好きなのだ。一口ちょうだいなのだ」

私からホットの缶ミルクティーを受け取ったおばけは、なかなか真意を答えてくれない。なにを考えているんだろう。

それでもたしかに、私の手に返されたたった98円の紅茶は、私に本日初、そして本日最高の安らぎを与えてくれた。

私がミルクティーを飲み終わるまでの三十分間、ずっとベンチでそれ以上一言も交わさず、私とおばけはゆっくりと時間を過ごした。

店内を眺めていると、世の中にはいろいろな人がいるとあらためて思う。かわいいキャラクターのイラストが描かれたパッケージのケーキを買う中年男性や、男物の下着を買う女性。脂っこそうな肉を買うおばあさんもいる。

みながみな、それぞれの事情や意思でモノを購入している。さっきまで彼らの存在すら感じなかった。ゆっくり時間を過ごすと、どうやら見ている世界の解像度に随分な差が出るらしい。

「落ち着いたのだ？」

ふと、おばけが私に優しく笑いかける。

手元のミルクティーの缶はすっかり温度を失くしていた。その代わり、私の体内がしっかり温まった気がする。私は黙って頷くと、おばけの目を見た。

それを合図として受け取ったのだろうか、おばけは人が減ってきたスーパーのレジをバックにベンチに座る私の前にフワフワと出てきた。

「言葉の毒」

「言葉のドク？」

おばけの言葉を復唱するように、私は聞き直した。

「美紀は、さっき『今日怒られた』って言っていたのだ。多分それを引きずっているのだ」

まさか。それはない。私はしっかりと事実と自らのミスを受け止め、謝罪した。ひどい怒りように不服感はあるけど、引きずってはいない。きっと明日にはこの感情は元通り消えるはずだ。

「ううん、そんなことないよ。私、その怒られたことはしっかり反省したの。たくさん怒られたし、たしかに酷いことも言われたけど、その言葉も受け止めたんだよ。偉いでしょ?」

私はハッキリと言い返した。私がおばけの推察にここまで強固に言い返したのは初めてかもしれない。

しかし、おばけは首を横に振った。

「『不服』や『後悔』を引きずっているのではないのだ。『言葉の毒』に侵されているのだ」

先ほどからおばけが繰り返す、言葉の毒。その正体は予想もつかない。答えを求めて、私はおばけと再度目を合わせた。

「ちょっと前に、感情は混濁するって話をしたの覚えてるのだ？　人間の感情は簡単に混ざり合って、把握できなくなるって話なのだ」

私は首を縦に振った。

「その原因はだいたい、他人から向けられた言葉によるものが多いのだ。例えば、叱責や怒号。簡単に言えば、心無い言葉に遭遇したとき、最も感情は混濁しやすいのだ」

「怒られてるときに泣いちゃう、みたいなこと？」

おばけはゆっくり頷き答えた。

「そうなのだ。ただ、明らかに『人が、人にダメージを与えようとして発した言葉』には、人を毒で侵す能力があるのだ」

「人が、人にダメージを与えようとして発した言葉……」

真剣な顔でおばけは続けた。

「人の言葉には、相手の感情、そして思考をコントロールする能力があるのだ。例えば、今日美紀が受けた説教は恐らく指導を超えた理不尽な怒号のような言葉がきっとたくさんあったのだ？　その言葉の効果で、美紀の思考に毒が回ったのだ」

毒が回る。それはどんな毒で、私はいまもそんな不吉な毒に侵されているのだろうか。

「心無い言葉に込められた毒が自分の脳や思考、身体に回ると、正常な判断能力や、普段の能力を乱すのだ。言葉の毒は、行動や作業の視野と精度を、極端に落とす効果があるのだ。簡単に言うと、普段できてるようなことができなくなって、普段では絶対しない判断をするようになるのだ」

あ。だから――

「だから、高級牛肉買うの止めたの？」

私の問いかけにおばけは頷いた。

「普段あれだけ目標を持って節約に励む美紀が、考えも目的もナシに高級肉を買ったりしないのだ。意味もなくヤケクソでしようとしてることが確認できたから、正常な判断能力で判断された行動じゃないと思って、おばけは美紀を止めたのだ」

恐ろしい観察能力だ、おばけ。さすが私をよくわかっている。

リセットスイッチをつくろう

「アスリートが『心を整えて集中して試合に臨みたいからＳＮＳは見ない』ってコメントしているのなんかを見たことあるのだ？　あれは、周囲からの言葉の毒によって自分の能力に毒が回って、パフォーマンスが低下してしまわないようにするって意味でもあるのだ」

たしかに、一流のアスリートたちがテレビのインタビューでそんな話をしているのを見たことがある。

そんなアスリートたちと並べては申し訳ないが、少しずつ自分の状態に合点がいった。今日私が上司に怒られたあとは、なんの仕事をしようとしても失敗ばかりで散々だった。その原因が、「言葉の毒」なのか。

「わかってきたのだ？　**言葉の毒は、本人が冷静だと思っても受け入れたと思っても、解毒されるまでは身体に残り続けて、本人の行動を制限するし、思考も邪魔し続けるのだ。**解毒できないうちになにかやっても、大抵怒られたことや嫌なマイナスの記憶が頭をよぎって、作業に集中力を欠いて失敗するのだ」

そう言っておばけは、空き缶を見つめた。

心当たりがありすぎる。私は休憩室で、せっかく声をかけてくれた同僚の女の子の声にも怯えてしまったのを思い出した。

「そんなときは、一回『解毒タイム』を設けることをオススメするのだ。自分が誰か

から精神的なダメージを受けたら、そして少しでも言葉の毒に侵されたと感じたなら、解毒してから動くのだ。じゃないとそこから失敗の連鎖が続いて、ずっと気分が落ち込むのだ」

「解毒……？」

おばけは空き缶を愛おしそうに抱きしめて、私に続けた。

「一番いい解毒方法は『どうでもよくなるまで時間を空ける』だけど、仕事中だとそこまでの時間は取れないはずなのだ。

おばけの個人的なオススメは『どこにでも売っている決まった銘柄の温かい飲み物を飲む』なのだ。その銘柄の飲み物を飲んだら、必ず自分の毒が解毒できるようにルーティンとしてクセづけるのだ。**こういう自分の『リセットスイッチ』を用意しておくと、いつでもできるようになるのだ♪**　美紀のスイッチは、おばけが勝手にミルクティーにしといたのだ」

歯を見せていたずらっ子のように笑うおばけ。そして新しくできた私のリセットスイッチ。私は体内の毒がどんどん薄まっているのを感じた。

私の隣に座り直したおばけは、横にいる私から見ると幼児のようなサイズだ。

「悲しいけど、世の中には自分の吐く言葉の毒気を自覚しないまま喋り続ける迷惑な人がかなり多いのだ。そんな人たち全員の口をふさぐことはなかなか難しいから、とにかくその言葉をスルーすることをオススメするのだ。でも——」

私を見つめ、おばけはちょっと困り顔で話を続けた。

「それはあくまで防御に過ぎないのだ。受け止めた以上、ダメージは少なからずあるし、気にせずとも毒が回ることはあるのだ。だから毒を盛られそうなときは、一回耳のスイッチをオフにして言葉を『音』としか捉えずにいるのだ。それが回避。不謹慎かもしれないけど、立派なコミュニケーションテクニックなのだ。**なにも、不要で無益な言葉に傷ついて悩む必要なんてないのだ**」

これまでずっと相手と真っ当にコミュニケーションを取る方法を私に教えてきたお

ばけが、初めてコミュニケーションを取らないことを私に伝授している。

コミュニケーションを取らないコミュニケーションテクニック。想像もしなかった。

でも、たしかにそうだ。ミスへの注意以上の言葉は不要だったはずだ。それは受け取らなくていいものだ。

「ありがとう、おばけ。なんか心軽くなったよ」

「どういたしましてなのだ」

私とおばけはゆっくり立ち上がり、普段どおりの安い豚肉を買って帰路に就いた。

帰り道、「……でも、月にもう少しくらいはセレブ菩薩やってもいいよ？　肉はおいしいに越したことはないのだ……？」と、もじもじしながらおばけが勧めてきたが、私は笑ってゆっくり首を横に振り、影のないおばけと手をつないで自宅へと歩き出した。

おばけのアドバイス

強い言葉の毒に侵されたら、解毒してから行動しよう

脅威や威嚇と感じる強い言葉を受け取ったときは、その言葉が持つ毒を解毒してから次のアクションに移ろう。毒された状態で次のアクションに移っても自分本来のパフォーマンスを発揮できないことが多い。

この言葉の毒に対しては、感情の整理や忘れる時間を持つなどの解毒作業が必要。しかし時間がないときは、自分なりの解毒ルーティンや解毒アイテムを持つといい。オススメは「温かい飲み物」や「仲のいい友人」など、心理的安全を確保できるアイテムや人物と触れ合うことだ。

Part2

相手も大事にする “伝わる言葉”の選び方

由美（35歳）	大学卒業後、広告代理店に勤務していたが、結婚を機に退職。いまは薬局でアルバイトリーダーをしている。自分なりに精一杯話しているつもりが、誤解されたり語弊を招いたりするのが悩み。
専業主婦（4年目）	

Lesson 06

カップルで会話がない

コミュニケーションを作る材料を仕入れるのだ

ガラス窓を打つ大粒の雨の音が私の安眠を妨げる。目を開けると同時に、血管に冷水を流し込まれたかのような焦りが私を襲った。ソファーから体を投げ打つように放り出し、スリッパに足を通す。

ふらつく足で一歩ずつ確かめるように廊下を進み、昼にベランダに干した洗濯物の救出に向かった。

ベランダに出ると、洗濯物はまだ無事に乾燥を維持してくれていた。物干しざおにかけられたハンガーには、キャラクターもののタオルケット、大人の男が着るワイシャツ、毎日の洗濯で汚れと同時に色気をも落とされてしまった私の下着など、様々な生活の軌跡がぶら下がっている。

結婚してから、早くも四年。都内の平均初婚年齢からすれば、決して遅くはない程度の年齢で結婚した。

最初の半年程度は楽しかった。面倒な銀行口座名義や、郵便物などの住所変更も苦ではなかった。戸籍が夫と一緒になった住民票を見たときは、まるで希望に満ちた未知の大海に漕ぎ出したような、冒険心にも似た楽しさが私を支配してくれていた。

それが、時を経るごとに「退屈」の暗雲が垂れ込めてきて、結婚生活は、私にとっては寂れて閑散としたものになっていった。

家事が全くできないことに目を瞑れば、優しく真面目な夫を支えるために、私は結婚直前まで続けていた広告代理店の仕事を退職した。代わりに、近場の薬局のレジ打ちバイトを始めた。学生時代にアルバイト経験があったこの仕事は、「覚えが早い」「即戦力だ」という評価と引き換えに、私から「やりがい」と「変化」を奪った気がする。

その成果あってか、夫の仕事は好調。夫婦の会話が失われる程度には日々忙しくしている。

もうすぐ、私は三十代後半になる。ベランダで洗濯物を取り込もうとする私の目の前を、大粒の重たい雨の弾幕が通り過ぎた。


「今日は夫が帰ってこないの」

「……!」

色白で、輪郭のハッキリしない印象の「彼」の顔。「彼」はその目を開いて私を見つめた。

テーブルを間に置いて、向かい合いながら私の作った肉じゃがを、一心不乱にほおばる姿は、遊びに来た近所の子どものようだ。

「じゃあ……今夜は一緒にいられるね……」

なにか意を決したような物言いで、そう言い終わると「彼」は、そっと浮かび上がり、食器をキッチンに運びはじめた。

静かに食器をシンクに置き、水に浸す。後で食器を洗う私への配慮を感じるその姿に愛しさを感じる。

「こうしとけば大丈夫」

慣れた口ぶりで、ゆっくりと私の手を引き、居間に私を引き入れた。「彼」は、私を見つめながら、あらためて私に告げた。

「今夜は徹夜で……ゲームやろうなのだ」

もし彼が人間の男、いや、生きていたらどれだけ楽しくスリリングで不道徳な生活だっただろう。突然私の家に現れたこの白い幽霊は、コミカルな見た目どおりの生き物で、私にしか見えない。

自分を「空前絶後・超絶怒涛のコンサルタント（マジおばけ）」とだけ自己紹介し、契約書を渡してきた。

夫が地方出張でいない毎月の数日間のみ、私の家で好き放題している。

もちろん肉体関係どころか、この世のものですらないこのおばけと私の関係性に名前はないが、いまのところ精神的な不倫相手に他ならない。

いそいそとゲームとソファーの位置を近づけ、サイドテーブルにお菓子とほうじ茶まで用意するおばけの動きは、さながら子どもが秘密基地を用意するときの楽しみと輝きに満ちた行動そのものだ。童心にかえって笑い合えるこの時間が、私のこのドロドロとした欲求不満のはけ口にならないわけがなかった。

ゲームの電源が入り、ロゴが映し出される。私はコントローラーを不倫相手から受け取り、ゲームの中で、陸上競技にいくつか挑戦した。

無意識のサインを無視しない

ゲームを終え、おばけと私はキッチンに横並びになって、お皿洗いに勤しみだした。カチャカチャと音を立てて徐々にお皿たちが綺麗になっていく。生活水準の上昇の影響を受けずに綺麗になっていく。私の結婚生活に付き添い続けたお皿が。しかしこれも、いつか割れるときも来るだろうか。もし来るとしたら、この結婚生活とどちらが先だろうか。

「夫さんと会話がなくなってからもう長いのだ？」

私はおばけの隣で皿を拭いていたが、不意を突かれたその一言に驚いて、おばけの顔をまじまじと見てしまった。

「なのだ？」

確認を求めるおばけが私に微笑みかける。

「う、うん。そうだね……。でも、なんでわかったの？　おばけは夫に会ったこともないのに」

私が不思議がって尋ねると、おばけは私に告げた。

「いつも夫さんの話をおばけにするとき、由美は『多分』とか『昔〜』って、話しはじめるのだ。前提が推測か過去なのだ。夫婦なのに行きかう情報が少ないから『多分』って言葉が出てきて、最近特段新しい話題がないから時間軸が『昔』の話しか出てこないのだ」

おばけは自分の顔よりも大きいガラスのサラダボウルの水滴を、布巾で拭き取りながら底面のガラス越しに私に笑いかけた。

初めておばけが夫について言及してきただけでなく、全て見透かされてしまったことに驚きしかなかった。

しかし、日常に退屈は覚えても、あくまで私は彼の仕事を応援している。だからこの全く会話のない夫婦関係にも異論を唱えてこなかった。

ここで私がこの会話のない関係に異論や不服を唱えれば、間違いなく解決策のない泥沼が待ち受けてるだろう。その沼にお互いの身を浸すようなことはしたくない。だってお互い、自分のすべきことをしているだけでなにも悪いことはしていないのだから。

ここまでわかっていて、それでも——

夫が新しい話題を自分に振ってくれず、会話がない毎日は悲しかった。

「つまらない人なの。新しい話題とか出せないんだよ。あの人」

私は少しだけかわいい子ぶるようにすねたフリをして、おどけて見せた。

しかし、その半分本音、半分冗談のセリフについて想像をはるかに超える質量の返答が私を待っていた。

「**このままだとずっとこれが続くのだ**」

ずっしりと私の心の柔らかく不安定な部分に響くその発言は、皿を洗い終えてほうじ茶をおいしそうに飲むおばけのかわいい見た目からは想像もつかない鋭利さを伴っていた。

「え……」

不意を突かれ絶句する私にほうじ茶の入ったマグカップを渡し、おばけは困ったように苦笑した。

「由美が問題視したくないだけで、立派に由美を苦しめているのだ。だって一人で食べるのに、複数のおかずや取り分けが前提で見た目もきれいなサラダなんて面倒なもの、普通作らないのだ。きっと、声に出さずとも、なにかしらの反応や称賛のコミュニケーションが欲しいって気持ちの表れなのだ。**自分が無意識に出す心のサインを無視してはいけないのだ**」

鋭利な言葉は、私の体を氷結した弾丸のように冷たく貫いた。

「おばけがこの迷路の出口を教えてやらんでもないのだ。おばけは空前絶後・超絶怒涛のコンサルタントなのだ。ただし、お供え物しだいなのだ」

話題のない夫婦の間を、幽霊のように闊歩する無意識のサイン。行き場を失くしたその気持ちの処理の仕方を求めて、私は冷蔵庫を開けることにした。

話題のタネを撒こう

「カップルや夫婦には、パートナーに対して『飽き』や『慣れ』を感じてしまう『倦怠期』と呼ばれる状態が必ずくるのだ」

ほうじ茶を淹れ直し、私はとっておきの絹ごしプリンをおばけに与えた。不定期に遊びに来ては私の心のもやもやを解説し、分解、解決し、好きな時にどこかへ帰っていくおばけへの相談料は、いつだってプリンだった。高級なものを与えると、さらに力を入れた回答をくれるおばけの現金な法則を私は知っている。

頷いた私におばけは続ける。

「それ自体は特に問題じゃないのだ。ある程度時間を重ねると、人間はコミュニケーションを取らなくても意思疎通が図れるようになるから、ある意味では関係が成熟した証明だという解釈もできるのだ」

なるほど。プラスに取るとそうか。そして、その結果がこんな後味の悪い状況なのか。

「でも、コミュニケーションの目的は意思疎通だけではないのだ。特に男女や夫婦間であれば、絆や愛情の確認も大事な目的だと思うのだ。でも、往々にして男性側はそれを忘れやすいのだ。特に、男性は居心地がよくなると口数が少なくなる妙な生き物なのだ」

それはなんとなく予想がついていた。男というものは、セックスする前や関係ができる前は犬のように血気盛んに盛り上がっているのに、事後や関係が進むと決まって、黙って傍にいるだけの高慢な猫のような性格になるのを、十数年の経験から感じていた。

「たとえそれが習性だとしても、残念ながら個人が出せる話題や反応には限界があるのだ。いつも同じような絆の確認や愛情の確認をされたら、それが男じゃなくても重く鬱陶しく感じてしまうのだ。何度も『俺のこと好き？』って男に聞かれたら、女性でもしんどいのだ？」

私は大きく頷いた。

「ここで、大事なのは**会話テーマのステージチェンジ**なのだ。いま、由美は夫婦になにがあれば、この問題が解決すると思うのだ？」
「うーん、話題かな。話せる話題が欲しい。そもそも話すことないんだもん」
「よーしよしよし。そうなのだ。話題なのだ。でも、話題がいきなりそこらへんに転がってたりはしないのだ。常に、なにかしらの事件や人、イベントなど物事があって初めてそれが話題になるのだ」

それはそうだろう。語りたいことは、興味や思い出が源泉になるだろう。

「つまり、足りないのは『話題』じゃないのだ。足りないのは、話せるだけの興味や関心、思い出や意見を捻出できる『事件』や『イベント』なのだ。だから、コミュニケーションを作るための材料を仕入れるのだ」

私は微妙に首をかしげた。

構造はわかる。話題を生むイベントがなければ、コミュニケーションは発生しない。しかし、さっきおばけが言っていたステージチェンジと、それがどう紐づくのだろう。

「イベントも、事件も偶然起こる範囲や、普段暮らす生活圏の中では予想の範疇を超えないのだ。要は、『特別なことをする気で作ったイベント』でないと、ダメなのだ！身近なところで発生して完結するイベントだと、お互いの反応の手の内が読めてるぶん、退屈になってしまうのだ。だから、ステージチェンジ」

私はおばけにプリン用のスプーンを渡して腕を組み替え、考えた。

特別なこと……そしてそれをする気……？　なんだろう？　私の趣味の料理教室に

でも連れて行ってみようか。

おばけがプリンを至福の顔で口に運びながら補足した。

「あ」

「片方の趣味であったり、経験があったりする分野はオススメしないのだ。どうしても片方の知識や楽しみ方に、初体験側が引っ張られてしまって、楽しみ方や楽しさの押し付けみたいに感じてしまうのだ。大事なのは、お互いが全く同様の条件の環境で、ドキドキしたりワクワクしたり、過去知り得なかった体験を共有することなのだ。未知であるぶん、話題性があって興味や感想、そしてずっと共有できるレベルの思い出が生まれるのだ。新しいことや未知の体験をするってことはそれだけで、思い出と経験、そして話題を捻出できる素敵な価値があるのだ」

たしかに、私の得意な料理分野に夫を引き込んだら私が教えることが多くなり、ただの家事レッスンになってしまうかもしれない。私にとっても、料理に慣れているぶ

ん、夫以上にドキドキや新たな興味は生まれない予想がつく。

「もちろん、旅行とか大げさな体験でなくても、単純に普段しないことを意図的にするってのもいいのだ。少なくとも、普段起こる会話の種、つまりなにもしないでも転がってくるイベントは、もう刈り終えてしまったのだ。一見、意味もなさそうななにかしらのアクションを起こして、普段の生活を特別でこれまでにない流れにしてみる実験が、二人のステージを変えるのだ。だいたい小さな行動が、予想もつかない連鎖反応を起こすのだ♪」

次の日の夜、出張から帰宅した夫に私は一言、夕食のお米を炊き忘れてしまったと告げた。もちろん確信犯だ。疲れているところ申し訳ないけど、一緒に外に食べに行かない？　と提案する。

米が炊けるまで待つよ、疲れてるから。という反応を予想していたが、早速事態は私の思わぬ方向に転がった。

「ん。わかった。じゃあいま行こう」

自分から言い出したわりに、呆気に取られたような私を不思議そうに眺め、夫は再度コートを羽織って玄関に向かった。私も急いでコートを羽織り、ラフな格好で後を追う。

靴を履いて目的地を決めずに外に出た。結婚して以来、目的も決めず二人で外に出た記憶はないかもしれない。常に、必要な物を購入するとか、帰省して両親に会うといった大小様々な目的があった。

玄関を飛び出し、数歩も歩かないうちに夫は一言、私に「疲れてるから近場がいい」と言った。

よかった、いつもの夫だ。私は頷いて近場の飲食店をいくつか考えるが、最近家で食べたものをメインとする飲食店ばかりで、特にピックアップしたいものが思い浮かばなかった。

慌てる私を横目に、夫はコンビニを指差した。

「買って帰るのもアリだな」

私は申し訳なくなってきた。

出張帰りで疲労している夫をほぼ強制的に連れ出し、行く店のアテもなく放浪。そして最終的にコンビニで済ませようとしている。

今日一日だけにフォーカスすれば、私は自らの主婦としての計画性のなさに罪悪感が湧きあがるのを止められなかった。

そんな私を尻目に、コンビニで夫は一目散にカップ麺コーナーに進んだ。さすがにコンビニとはいえ、カップ麺よりは冷凍食品や、ある程度調理された商品がいいのではないかと思った私は、カップ麺を眺める夫に声をかけた。

「テレビでおいしいって言われてたレトルトハンバーグ、あるよ」

「いや、このカップ麺がいい。札幌で食べておいしかった」

夫が手に取ったカップ麺には、札幌の自店舗を背景にラーメン屋独特の出で立ちで、頭にタオルを巻いて腕組みしている店主が誇らし気にプリントされていた。それを愛しげに眺める夫の口元が緩んでいる。

私が自分に特に好みがないことを伝えると、夫はなにも言わず、目の前にあった同じパッケージを手に取って私に渡した。

自宅に帰り、お湯を沸かしてラーメンが完成するまで、私はなにを喋っていいかわからなかった。今日の不手際を謝ろうかとも思ったが、なぜか夫が先に口を開いた。

「コレ、おいしいんだよ。この人も会ったことある」

プリントされた店主の画像を指で撫で、夫は感慨深そうにそう言った。

「出張のときに食べたの？」

「うん。札幌だと、毎回ここに行っちゃうんだ。深夜は開いてないいんだよね」

「ラーメン屋さんって有名店になると深夜やってないんだ。頑固おやじのラーメン屋みたいな？」

「違う違う。スープが切れちゃうんだよ。売れすぎて」

夫から初めてそんな話を聞いた。どうやら、出張時はキャバクラに行くでもなくひたすらラーメン道楽をしているらしい。ラーメンが好きであることは知っていたが、そんなに出張時も楽しむほどとは、初めて知った。

夫につられるようにして、できあがったラーメンを開ける。お互いがすするラーメンの音が気にならない。会話に弾みが出てくる。


「この店の東京店が新宿にあるんだ」

「そうなんだ。同じ味？」

「うん、もちろん。いろんな芸能人のサインがあるんだ。若い俳優と芸人が多いな」


私が夫に用意したレンゲで、スープをまるで遭難寸前の雪山の山小屋で食べる最後の食料のように愛しそうにすすりながら夫は言った。


「ああ、おいしい。店行きたくなってきたな。替え玉したい」

「私もこの味、おいしいと思う」

「今度行く？」

「え……？　うん。じゃ、行こうかな」

「わかった。二日連続はさすがにきついから、来週の水曜の夜は？　早く帰るよ」


とんとん拍子に平日夜のラーメンデートが決まってしまった。

結婚して数年、平日夜にデートしたことがあっただろうか。しかも、私たち史上初、ラーメン食べに行くだけのデート。全てが初だ。

夫は食後に私に「たまにはいいな。カップ麺。おいしいし……楽しいな」とだけ言い残し、満足気に風呂に向かっていった。

おばけの言うとおり、小さな行動が、予想もつかない連鎖反応を起こした夜だった。

次のステージチェンジはどんな思い出を作ってくれるのだろう。

私は、宝物を扱うようにカップ麺の空き箱を抱え、綻ぶ口元を抑えながらダストボックスへ空の容器をしまった。

おばけのアドバイス

会話がなくなってきたら、新しい挑戦を!!

長く同じ時間を過ごす間柄で、話題や盛り上がりが枯渇してしまったら、思い切って新しいことや未知の経験を求めに動こう。

大きなイベントでなくても、小さなアクションが連鎖的に大きな変化を起こしていく可能性がある。

その際は、自分の考え得る限りのアイデアで、両者の知見や身体能力に差が出ない「変化」を生み出すことを第一歩にしよう。

マンネリは関係性や愛情の腐敗ではなく、ただのコミュニケーションのネタ切れなのだ。

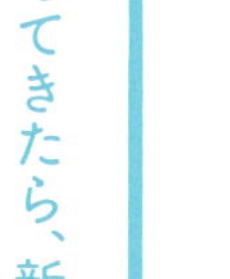

Lesson 07

嫌な会話から逃げられない

会話を不成立にして会話をかわすのだ

食べきれないほどの正月料理が目の前に置かれている。

私の実家のリビングに集まった私の両親、兄、その妻子。そして夫と私。

目の前に置かれた尾頭付きの鯛。兄の妻、つまり義姉が全く手をつけない私の手料理。総勢七名の正月には、毎回食べきれないほどの料理と、三世帯がかしましくまくしたてる会話を肴に過ごすのが、毎年のルーティンだった。

お酒が入るとうつらうつらと寝はじめる夫の揺れる頭が、ゆっくりと私の暗雲立ち込める罰ゲームタイムの開始を告げる鐘に見えた。

罰ゲームのゴングは、洗い物をしているときにふいに鳴り響いた。

「由美さんは、いつごろ……なの?」

かたちだけ遠慮したとわかる声で、義姉が私に今後の子どもの予定を問うてきたのだった。

「まだ、なんとも、なかなか。目途がつかなくて」

限界まで抽象的にした回答を、できる限りの朗らかな笑顔で返す。ここからの展開はもうわかっている。追及と「子ども産め産め」のコール。過去の実績は裏切らない。

「ダメよ、少しでも若いうちに産んどかないと!」

義姉が間髪をいれずに切り返す。なにがダメなのだろうか。子どもを作ることに賛成も反対もしない返答をしたのに、最初から否定で入るのはなぜなんだろうか。

「身体も三十半ば過ぎると勢いなくなるし、気持ちも萎えてきちゃうから。早めに産んで、欲しい気持ちを実現していくほうがいいよ！　綺麗なんだからさ、まだ」

欲しい気持ちの実現。なら、欲しくない気持ちの実現はどうなるのだろう。心の中で冷静にツッコミ返す。言葉の節々にうすら寒い嫌みを感じるのは、私の考えすぎなのだろうか。

毒々しい色の霧が自分の心を生暖かく包むのを感じる。

私だって初めは早いうちに子どもをと考えていた。それでも、自分たちの経済状況や性格、時間の使い方や今後のしたいこと。様々な要素を検討した結果、「いまは子どもはいらない」という結論に至ったのだ。それをなぜ尊重してくれないのだろう。そもそも義姉に、私の考えを受け入れる気があるのかが疑わしいところだが……。

「うん、考えてみるね」

考えられる限りの大人としての対応で、私はこの話から身をかわした。

……つもりだった。

「アンタ、そろそろ考えなさいよ」

不意にカウンター弾を放ってきたのは、キッチンに入ってきた母だった。昔から血のつながった実の娘の状況と心情を、全く理解しない硬い表情の母が、私に砲口を向けていた。

「母としての幸せ。考えてみてもいいんじゃないの。私はどちらの孫も見たいのよ」

義姉は、応援に喜んでさらにまくしたてはじめる。義姉と母は、「そうよねー」「そうですよねー」と、もはや私に話しているのか二人で話しているのかわからない。

母親が言っている幸せとは、私の女としての幸せではなく、母親自身の幸せのことなんじゃないの——と、心の中で一人こぼした。

そのまま私は、眼前のまな板の上の鯛の如く、両砲台から集中砲火を浴びて、役に立たない私の城壁……夫の援護射撃も期待できぬまま、礫のまま時間を過ごした。

テーブルの上の鯛が、私を憐れむ視線で見つめている。身体をバラバラにされてもなお、誰の関心も引き寄せないその鯛の姿でさえ、私にはうらやましかった。

「このメーカーのあんみつは、なんでこう月一で食べたくなるのだ……？　麻薬でも入っているのだ？　じゃないと説明がつかない中毒性なのだ。コレしか食べずに生きている動物がいてもおかしくないのだ。コアラも、コレ食べたらユーカリの葉からあんみつに乗り換えるのだ。略奪愛ならぬ、略奪飯。ドラマ化不可避なのだ……」

コンビニスイーツより少し値の張るあんみつを、仏のような満ち足りた顔で口に運びながらおばけはぶつぶつと独り言をつぶやいていた。

「そんなにおいしい？　よかった」

「世界平和がこのあんみつによって成されても不思議じゃない程度においしいのだ。あんみつの前世、ガンジー？」

愛想笑いをして、私もあんみつを口に運ぶ。

材料も原産地も違うあんみつの材料たちですら、この狭い容器の中で調和を保って共生している。しかし意思もあり思考もある人間は、この広い世界で調和を保てない。さらに家庭という世界スケールから見れば小さな容器に過ぎないものの中ですら不和が発生することに、私はドロドロした疑問と憤り、そして諦めを感じはじめていた。

「そういえば、なんでお供え物ってスイーツなの？　魂とかじゃないんだね」

雑談のつもりだったが、おばけは心底げんなりした様子で答えた。

「古いのだ……。魂なんて、太古の昔の幽霊が人間から取るものないから取ってたみたいなもんなのだ。いまはもうビジネスライクにちゃんと欲しいものもらうのだ」

「ビジネスライク……。お金はあまりないよ」

「お金とかいらないのだ。あの世にお金はないし、もらってもインテリアにもならないのだ」

おばけは不服そうにあんみつの黒蜜部分をすすりながら私に告げた。

「ふーん。で、おばけはスイーツが好きだからスイーツなの？」

同じようにゆっくりと黒蜜を口に運ぶ私からの問いにおばけは答えた。

「もちろん、スイーツじゃなくてもいいのだ。そうだ。掃除機くれたらサービスするのだ」

まさかあの世の生き物に、そんな世俗的なリクエストをされるとは。

「そ、掃除機なの!?」

「いや、むしろいま、掃除機しか欲しくないのだ。掃除機くれなのだ。あ。でもハンディ掃除機じゃなく、ロボット掃除機。僕がいない間に自宅に放つのだ。勝手に掃除してくれるってすごいのだ」

自宅もあるのか。私みたいな相談者、おばけに言わせると「クライアント」の家を転々としているだけかと思っていた。

「おばけの自宅ってどこにあるの？」

私は完全な興味本位で問いかけた。

「プライベートなことにはお答えしかねるのだ」

おばけはなぜかエッヘンと言わんばかりの態度で堂々と私にＮＯを突きつけた。

「あんみつ……まだあるけど。食べたくない？」

「もらいます。自分、三途の川の近くの新築マンション『リバーサイド・サンズ』の

803号室に住んでます」

その考え、自分を苦しめてない？

あんみつを食べ終えてお腹を膨らませたおばけを横目に、私は契約書の控えを化粧棚の奥から取り出して眺めた。渡されたときも、一応全てに目を通したが、ほぼ「約束破ったら針千本飲ます」だとか子どもの口約束のような罰則ばかりだった。

「夫さんには僕は見えないのだ。僕が姿を見せようとした相手か、もしくは契約書にサインした人だけが僕のことが見えるのだ。だからいつ夫さんが帰ってきても安心なのだ。あ、おばけが触ったものは透明化するけど、おばけが触り終えたり手を離したりしたら元に戻るのだ」

初めて出会った日、スマホ片手にいそいそと書類の説明をしたおばけの言葉を思い出していた。もしここに夫がいたら、誰もいないのにあんみつがみるみる減っていく様子に、きっと驚くのだろう。

「おばけ、聞いてほしいことがあるんだけど」

私は「ポーカーフェイス」とよく言われるが、内面は天井知らずによく煮える激情家だ。その私の中で、温度が下がらない、この煮え切った始末の悪い疑問を、おばけに投げてみたくなった。ほぼ八つ当たりに近いのかもしれないけれど。

「いいのだ♪」

おばけは食卓から居間に移動し、くつろぐようにソファーに腰かけた。足のない生き物も、いくらかソファーだと身体が楽なのだろうか。

「なんで、家族って血もつながってるし遺伝子も一緒なのに、仲良くなれないのかな。ううん、仲良い人はたくさんいるの。でも、仲良くなれないの私。どうしても日々のコミュニケーションに違和感っていうか、賛成できないことが多くてね……?」

様々な保険を孕んだ言い方をしたおかげで、なにを伝えたいんだかよくわからない話しはじめになってしまった。

でも、その疑問だけは本物。なんでこんなに近い人たちと仲良くできないんだ。私は正月の一件をおばけに話した。

「家族は、仲が良い。そして、仲良くあるものなのだ」

ぼそりとおばけがつぶやいた。やはりそうなのか……。はずれ者は私なのか。

「そんなの、もはや神話なのだ」

おばけはちょっと小馬鹿にするような目線で私を見た。

「由美の言う、家族と仲良くしたいという意思は立派なのだ。**身近な人間とは、仲良しに越したことはないのだ。**でも、**『家族は仲良しなもの』って考え方は、ずっと前からあるのだ。**人間が家族を持ちはじめたあたりからおばけは見てきたのだ。でも**千年前から変わらず、その考えが有効であることのほうがそもそもおかしいのだ。**他のものは数千年のうちにほぼ全て形も色も変わったのだ。コトワザも、標語も常識も文化も、全てアップデートされているのだ」

おばけが否定したのは、私ではなく「家族は仲良くあるべき、そして仲の良いもの」とする常識に似た文化だった。

突然の千年スケールの話についていけない私に、おばけが続ける。

「昔はスマホもパソコンもないから、関わる人が家族や近所に限定されてたのだ。その身近なコミュニティで生きていくために、身近な人々を大事にしなくてはいけないという意味で、『家族と仲良く』って文化や標語が生まれたのだ。でも、最近はスマホ一つでブラジルでもイタリアでも、世界中の人々とコミュニティを作れるのだ。だから、身近な人々だけを大事にする必要は、もうないのだ」

たしかに。昔の閉鎖的な文化や付き合いの狭さが原因で、そこで生き抜く術として身近な人々と仲良くすることが手段として有効だったのかもしれない。

「そう考えると、世界中の人々と小規模な家族、どちらが気の合う人がいる確率高いと思うのだ？　好きな時に好きなように好きな場でつながれるコミュニティのほうが絶対仲良くできるのだ。だから、自分が家族と仲が悪くても落ち込まなくていいのだ。世の中にはたくさんコミュニティがあるんだから」

まさかあんみつ食べて二分もしないうちにここまでグローバルな話をされるとは。しかし、これまでその閉鎖的な文化や付き合いの中で悩み苦しんできた私には、世界というスケールで話を捉えるのは、何倍も価値のあることに聞こえた。

関係は切らずに会話だけ切る！

「そっか。じゃあ、やっぱり家族とは仲良くする必要はないんだね。ちょっと心が楽になるな、参考になったよ。でもね、おばけ」

私は小さく息を吸って呼吸を整えながら続けた。

「それでも家族って続いていくの。関係も切れないし、集まりだってある。私、それが苦しい。その時間を形だけでいいからかわしたいの」

おばけは待ってましたとばかりにニヤリと私に不敵な笑みを向けた。

「なのだ、なのだ。そうなのだ。関係性ってものは、自分で断ち切れるものと断ち切れないものがあるのだ。たしかにそれは由美の言うとおり難題で、苦しむ原因なのだ。さっきおばけが言ったように腹をくっても、なかなか関係性の呪縛からは逃れにくいのだ」

「どうすればいいんだろうね。諦めようかな」

私は決して、駄々をこねるつもりはない。いまおばけにしている相談だって、ただの愚痴に過ぎない。大人として、このコミュニティで生きていかなくてはならない義務も重々わかっている。

「会話を不成立にするのだ」

おばけはあっさりと私に提案した。

「どういうこと？」

突然の意味不明な提案に、私は少しだけムッとした。急に会話を切り上げることを指しているなら、あまりに現実味がなさすぎる提案だ。

眉をひそめた私に呼応するように、おばけはなだめるような口調で話しはじめた。

「ふふふ。これは会話したくない相手との、とっておきのコミュニケーション術なのだ。今回のお義姉さんとお母さんは、『由美に子どもを急かすこと』をコミュニケーションのテーマに決めていたのだ。そこで、由美が二人に会話の軸を合わせたから会話が成立してしまったのだ」

そのとおりだ。でも、私に向けて話しているのだから、拾わないわけにはいかないでしょう？

「そこで、由美の興味の対象が、その話でも二人でもないことをアピールできれば、会話を強制的に不成立にすることができるのだ」

おばけはソファーから立ち上がり、横にあった常温保存のワインの瓶を赤ちゃんのように抱きかかえ、疑問のまなざしを向ける私に正面から向き直った。

「こんな経験ないのだ？　小さな子どもを連れた女性と独身の女性がご飯に行ったとき、子どもがいる女性は、どうしても自分の子どもの世話に気を取られてしまう。子どもの口を拭いたり、落とした食器を拾ってあげたり。するといつの間にか独身女性も、なにを話してもどこか落ち着かなくなってくる。……これは、独身の女性側から見れば、相手が明らかに自分以外に興味を持っていかれていて、会話に対するモチベーションの差を感じているのだ」

極めてわかりやすかった。たしかに、自分以外に興味が向いている人間とは話しにくい。落ち着かず、返答も薄く浅いことしか返ってこない。

「つまり、私はその二人の横で……」

「献身的にあくせく家事でもしてるのがいいのだ。相手に質問されても、浅い返答しかせず、洗ったお皿のしまう場所でもその都度切り返せば、会話がブレて不成立になるのだ。例えば……そうなのだ。相手に話題を振られたり返答を求められた際に、『うん、そうだね。それよりさ〜』とか『わからないなあ。あ、ところでさ〜』みたいな感じで、相手の会話を一度切り落とすと、相手の会話と焦点が合わず、結果的にコミュニケーションの対象を失った話が消滅するのだ」

おばけは自分の口の前に両手を持ってきて悪人のようにウッシッシと笑った。

「もちろん、全ての嫌いな人間に対してこの回避方法を行っていたら友だちいなくなるから、用法用量はお守りください！　なのだ！」

ワインの瓶を置いて、おばけはビシッと言い放った。

おばけのアドバイス

会話からナチュラルに強制離脱する「ところで〜」話法

耐えきれないほどにツラい会話の際は、自分の興味や会話の軸をズラすことを率先して行い、会話の成立を阻害しよう。

コツは、自分の興味の対象がその会話以外であることをアピールする素振りを繰り返し、返答の質や返答数を下げ続けること。相手が不安定な会話にストレスを感じれば、自ずとその会話から引いてくれる。

しかし、これはあくまで最終手段。自らの評価全体を下げることも予想されるので、緊急避難かつ、奥の手として使うべし。

Lesson 08

落ち込んでいる人を励ます言葉がない

言葉の盾を装備するのだ

連日の雨の中、豪雨が雹のように窓ガラスを打つ散文的な音色の中で、夫は帰ってくるなり机に突っ伏し、いま嗚咽を漏らしている。

世の中の不景気は突然始まる。そしてゆるりとその矛を生活者に向ける。テレビで見ていた証券会社の倒産や大企業のリストラ、大地震や疫病。それはやはりいつの間にか背後に忍び寄っているのだった。

勤続十七年。管理職にもなり、仕事の調子もいいようだった。

しかし、晴れて四十歳の節目を迎える今年になって、不景気のあおりをしっかりその身に受けた。

突然の降格、突然の人事異動。それを突きつけてきた人事からは「経営層の変更に伴う意思変更」とだけ粗雑に、説明もなく告げられたという。

夫は、会社中枢リストから外されたことを意味しているという。そして、これまでの部署や業務領域とは全く関連性のない四国の小さな営業支社の中間管理職ポストがあてがわれたそうだ。


私はその話をひととおり聞き終わると、ゆっくりとキッチンに向かい、冷めてしまった夫のコーヒーを淹れ直した。幸い、収入面には大きな差はないらしいが、環境の変化が私にどのような変化をもたらすのか、それはやはり漠然とした不安になった。

少しずつドリップされたコーヒーが、高い純度を保ちマグカップに落ちていく。夫は静かに「迷惑をかける」とだけ、懺悔するように私に告げた。

フルタイムで共働きが標準となっているこの時代に、アルバイトを除いてほぼ専業主婦をさせてもらっている私は「ううん、大丈夫」とだけ努めて明るく返した。


もう少しでドリップされたコーヒーがマグカップに満ちる。大した慰めにもならないコーヒーの完成を待たず、嗚咽と自信喪失にまみれた夫は、早々に寝室に立ち去ってしまった。

寝室に向かって歩くその後ろ姿から、悲愴感が漂ってくる。

男性には、一種の滅私奉公の精神がまだあるのだろうか。夫を見ていると、武士のような奉仕精神で、会社の動向、仕事の実績に自分のアイデンティティーを重ねているように思う。

それゆえに、会社に受けた仕打ちは、相当のダメージだったのだろう。私には、彼を慰める言葉を紡ぎ出す言語能力はなかった。

気づけば、窓に打ち付ける雨は止んでいた。際限なく吹き抜けていく不穏な風音の中で、ドリップされた最後の一滴が音もなくマグカップに落ちた。

一週間後、相も変わらず意気消沈中の夫は異動先の四国に出張に飛んだ。現地でまずは自宅を借りなければならない。

夫からしてみれば気分のいい時間ではないだろう。人生にはなぜかこうした、誰のせいでもないが当人にだけ苦痛を伴う準備の時間がある。

この一週間でみるみるしぼんでいった夫の背中は、日を追うごとに覇気を失くし、飛行機に乗り込むその姿は、まるで絞首台に登る死刑囚のようだった。

その傷つけられたプライドを癒やすために、私に一体なにができたのだろう。

夫が出張に出かけた夜、私は化粧品しか入っていない……つまり私しか触らない棚の奥底から「おばけの契約書」を取り出した。

柔らかで手触りのいい紙質とは裏腹に、とてもカタい文章で書かれたそれの中には、ところどころ「おばけへのお供え物は甘いものを基本とする」など、子どものような文章が見える。

その馬鹿馬鹿しい文章の羅列の真ん中あたりに「緊急でおばけを呼び出す際の手順」の一文があるのだ。その一文の下には四行で、こう書かれている。

✅お供え物を置く（いつもより増量で）
✅目を閉じる（いつもより色っぽく）
✅心の中で「ねえ、おばけ」と呼ぶ（いつもよりもマジで）
※状況により対応できないこともあることをご了承ください。

冷蔵庫から取り出した高級あんみつをテーブルのランチョンマットの中央に置き、目を閉じる。眠りに落ちるとき以外に意識的に目を閉じると、世界と自分が隔絶された気がして少し不安になる。私は小さく心の中で問いかける。

——いまは、多忙だろうか。違うクライアントの家で甘いものをご馳走になりながら、快活に問題解決のヒントを助言している最中だろうか。もし時間があったら来てほしい。私の大事な人が、いや私が、いまどうしてもピンチなんだ。

ねえ、おばけ。

……しかし、閉じた瞼の裏では特になんの気配もしない。

所詮、あくまで緊急策だ。呼びかけに応じないこともあるだろう。

私は、夫に異動の話をされて以来、溜め込んでいたため息を、肺の中を一掃するように大きくテーブルの上に吐き散らした。

このあんみつを、一人で食べても、決しておいしくないだろうな……。私は重い瞼の裏から諦め気味の瞳を露出させ、世界に復帰させた。

しかし、世界とオンラインになった私の目の前に、「あっ」と言い出しそうな顔をしながら、あんみつを手に、いまにも色を薄めて消え去ろうとする白い影があった。

「えっ……」

私も思わず声を出す。

「あ……お邪魔しましたのだ」

おばけの色がどんどん薄くなっていく様に、思わず声を荒らげる。

「え！　ちょっとちょっと！」

慌てる私に、おばけは向き直り、いや開き直り、「え、なにか？」という表情を向けた。

「なにあんみつだけ盗って消え入ろうとしてるの！　ちゃんと手順どおり呼び出したんだよ!?」

「あんみつくれるためになのだ？」

「違うよ！　相談があったの！　なに普通にあんみつ泥棒しようとしてんの!?」

おばけはやっと色味を濃くして姿を持ち直し、ぶすっとした顔で椅子に座った。

「あんみつくれるだけかと思ったのだ……。罠か……」

私は悔し気に口をすぼめるおばけに不審な顔で一瞥した。

「いくら突然呼び出されたからって、報酬だけ持っていくのはダメでしょ」

「ボ……ボーナス的な……」

「ないよ。そんなもの。契約書にも書いてなかったもん」

おばけはしゅんとしてあんみつを口に運んだ。私は俯くおばけに、半ば強制的に悩みを打ち明けた。


「なるほど。急な転勤……というか人事異動でプライド折られちゃったのだ？　で、かける言葉が見つからないのだ？」

ちょっとだけ意地悪な顔で、おばけは私に微笑みかけた。

私は笑わずに一言「そう」と短く告げた。

悲しいのは夫のはずなのに、いつの間にか私も冷たい絶望に呑まれてしまっている。なにもしてあげられなかった。本当にツラいのは本人のはずなのに。私の共感など、慰めにもならないと知っているのに。

俯いた顔をあげると、おばけが目を丸くして私をじーっと見ていた。

「……な、なに？」

椅子の上でかすかに後ずさりしながら私は問うてみた。

「関係ないけど、そのネックレス、素敵なのだぁ♪　形もそうだけど、肌の色にマッチしてるから、由美のためのオーダーメイドに見えるのだ」

突然の褒め言葉に私は動揺した。

おばけは今日に限らず、なんの前触れもなく褒めてくれることがときどきある。契約によるアドバイスを素直に聞き入れてもらうためだろうか？　だから普段からいい関係でいるために、歯の浮くようなセリフを言ってくれるのだろうか。

「そのネックレスと由美の綺麗な肌の相性は抜群なのだ。それだけでノーベル賞モノなのだ。ノーベル賞に『ノーベル似合うで賞』があったら数年先までそのタイトル総ナメなのだ。おばけにスキンケアの秘訣を教えてほしいのだ。乙女とおばけは肌ケアが命なのだ！」

私はずさんな性格ながら美容にはいささかこだわりがあった。誰が褒めてくれるでもない毎日の中で、そのこだわりを褒められるのは、それが正体すら不明の幽霊でも、不意打ち要素も加わり非常に嬉しかった。

おばけの褒め言葉をなにか裏があると警戒しながらも、少しだけ私は上機嫌になっていた。自らの緩む口元からそれを察する。

少しだけ上機嫌になった私を見つめ、突然おばけが提案した。

「まだ夜の9時なのだ。ちょっと出かけようなのだ」

相手の悩みは相手のもの

気づくと私は、繁華街の入り口にいた。

おばけに促されるままに電車に乗り、着いたのは、日本最大の繁華街と称される街だった。その街はずれまで進み、ペンキのはげかけたビルの前でおばけは止まった。

看板には「Bar Deadman's Refuge」とだけ書かれていた。

契約を交わしていない人間にはおばけは見えない。だからはた目には私はこのバーの入り口に女一人で頼りなく突っ立っていることになる。

ネオン街から隔離されたような暗がりの中、江戸時代の行灯のようなぼんやりした光で人を誘うこのバーは、俗世的な人間を敬遠するように妖しく、そして限りなく静かに存在していた。

看板の横に、人一人が入るのが限界の狭さの古びた階段がある。手すりはところどころ錆びていて、触れるのも憚られた。エアコンの室外機の排気風と思しき風が、私の肌にじっとりと汗をにじませる。その中で階段は私に向かって口を開けている。

心臓が高鳴る。人生で最も得体のしれないところに来てしまった気がする。おばけにあごで促され、私は意を決してバーのドアを開けた。重い扉の向こうでは、褐色肌の、中東系の彫りの深い顔をした外国人が、焦点の合わない視線でやる気なくこちらを見つめながら立っていた。

「イラッシャイマセ」

その外国人が発した言葉が、私に向けられたものと気づくのに数秒かかってしまった。ハッと意識を取り戻すと、予想より遥かに快適な気温と湿度が保たれたバーに、足を踏み入れた。

「マタキタノ。あんたも好きネ」

誰と間違われているのか、常連として扱われてしまった。しかし、それがおばけに向けられた台詞と気づくのに時間はかからなかった。

「強盗だ！　強盗なのだ！　カネ出せや！　なのだ」

そう言っておばけは我が家のように悠々と店内を飛び回った。私は小さく会釈をし、カウンター六席しかない店内を見渡した。

まるで青山や六本木などにあるオーセンティックバーのような、木目調の統一された店内。しかし、ライトが青白いので北欧の木のように温度を感じない。その冷たい静かさが私の心に安寧を与えてくれる。窓のない店内はまるで海底のような静けさに包まれていた。店内には外国人以外誰もいなかった。

おばけはフワフワとカウンターに近づき、外国人店員の前に座った。

「ナニノムノ？　牛乳？」

「いや、猫か。なんで遠出してきたのにわざわざ牛乳なのだ」

私はおずおずとおばけの後に続き、おばけの隣、外国人店員の正面に座った。

「あの……」

「コレが欲しいネ?」

言うが早いか、店員は私に薄いメニューと思しき冊子を差し出した。革張りの表紙に、わずか数ページほど上質紙が挟まれている。中身は一般的なバーのラインナップとそう変わりない。バーの端にはコート掛けとワインセラー、その上に生ビール用の樽が私の背よりも高く積み上がっていた。

冊子状のメニューを読むフリをして、そっと店員の胸元を盗み見る。「Mu」(ムー)とだけ書かれていた。それ以外のヒントはなにもない。

おばけの目の前に、焼酎の水割りが出てきた。

「じゃあ、ジンリッキーください。ライムは外して……」

数あるメニューの中で、唯一飲めるメニューを頼んだ。

「かしこまったヨ。…………牛乳入れる?」

「いやだから、猫じゃないのだ」

長年の付き合いなのだろうか、息の合った掛け合いに思わず笑ってしまった。天井を見上げるとシーリングファンがゆっくりと柔らかな速度で回転していた。

私の前にジンリッキーが珪藻土のコースターに載せられ差し出された。

「ジンリッキーだヨ」

おばけの水割りとグラスを重ねた。小気味いいガラスの触れ合う音が、静かな店内にこだまする。

「お洒落ですね。でも、なぜか落ち着きます。オーセンティックバー……ううん、ダイニングバー？」

私は店内を眺めて二人に言った。

「アリガト。とりあえずバーだヨ。こだわりないヨ。薄暗くてテーブルの形がオシャレ寄りにバグってたらだいたいバーだヨ」
「全国のバーに謝ってほしいのだ」
「二人はどんな関係なの？」

私は率直に気になった点を言葉にした。顔をムーに向けたおばけが答えた。

「バーの店長とおばけ。たまに依頼主とコンサルタント。まぁ、ムーが悩める人々をおばけに紹介してくれるのだ。詳しいことは秘密なのだ」

雑な紹介を受けたムーが私に微笑む。思えば、私以外でおばけが見える人に会ったのは初めてだ。だからおばけと複数人で会話することも初めて。友人の新しい一面を知った気分だ。

するとふと、ムーが口を開いた。

「アナタは人の励まし方、知らないのネ」

不意打ちにギョッとした。ジンリッキーのグラスが手から滑り落ちそうになる。なんで今日私がおばけに打ち明けた悩みを初対面の彼が知っているんだ。

おばけが、慌てる私をニンマリとした笑顔で眺めている。顔で察した。おばけはムーになにも伝えていない。それどころか、どこか私の反応を見て楽しんでいるように見えた。

「え、え。なんで……?」

「秘密ヨ」

ムーはぴしゃりと私に言い放った。

なんとなく受け入れたけど、にわかに、この二人の関係性が知りたくなってきた。

そもそも、おばけとこのムーの関係はなんなんだろう。なぜムーはおばけが見えるのだろうか、私同様、おばけと契約しているのだろうか。

私は不思議に思いながらも目の前のグラスに口をつけ、それ以上の追及を許さない雰囲気のムーへの疑問を、ジンリッキーの辛味に混ぜて飲みこんだ。

おばけはまるでミネラルウォーターでも飲むかのように、ハイペースで水割りを流し込んでいた。わんこそばのようにムーは次々とグラスを替える。

その片手間に、ムーは続けた。

「人を励ますってムズカシイヨ」

ムーはどこか諦めたような達観したような、表現し難い表情をしていた。

「……うん」

「人を励まして、必ず元気出してもらおうなんて、ゴウマンだヨ。そんなヤリカタも、知りたがってもムリ。落ち込んでる人に周りができるコトなんてないヨ。本人が這い上がるしかないヨ。だから励ませなくても気にしないほうがいいヨ。一緒にいてあげるのが大事だヨ」

随分体育会系のアドバイスだ。さっぱりと丁寧で潔いアドバイス。

不思議だ。なにが知りたいかをあっさり見透かされている。しかし、その言葉にすとんと納得してしまった。そうだ。初めから自分が夫にできることはなかったのかもしれない。もしそうなら、なにもできなくとも一緒にいてあげよう、といまさら思う。

励ますよりも強力なこと

でも――

「ありがとう。でもね、私見てられなくて。今後またあの人が打ちのめされることがあったときも、私はなにもできないのかなって。とっても無力な感じがして悲しいの」

おばけがムーに何杯目かの水割りを頼んだ。ムーは、顔を私に向けたまま、丁寧に水割りを作る。目は合っていないが、二人が私の言葉をたしかに受け止めてくれた感触があった。

「では、対策を伝授するのだ」

酔いが回ったのか、顔を赤くしはじめたおばけが隣の私に向けて身体を開いた。ムーから受け取ったグラス越しに、薄い桜色のチークを塗られたように頬の紅さが窺える。おばけでもアルコールは効くものらしい。

「ん。お願い」

私はグラスを置いて姿勢を正す。それを見ておばけは、数秒の間を空けて勢いよく語りだした。

「コミュニケーションで最高峰の奥義を授けるのだ。名付けて『言葉の盾』なのだ！」

言葉の盾。

私はひらがながスチールウールのように密集した鍋の蓋型の盾を想像した。

「なにソノ、フワフワ弱そうな盾。キモイ」

ムーがジト目で私を見ながら会話に横入りする。

私は察した。間違いない、ムーは私の頭の中を読めるんだ。信じられないが、いまの発言はそうでないとありえない。もちろん、通常考えれば他人に頭の中が透けてしまうのは恐ろしい。でももはや私の脳内は連日、大切な夫が打ちひしがれていることに無力感でいっぱいだったので、いまさらなにを読み取られても恥ずかしくもなかった。

一種の開き直りを持った私は、漫然とした態度でムーに笑い返し、イスを回転させておばけに身体ごと向いた。

「今回教えるのは、盾。つまり、防御のテクニックを伝授するなのだ」

ムーはおばけの話には興味なさそうに私に二杯目を勧めた。話に集中したいから「アルコールの低いもので」とだけ、ムーに告げた。

「盾とは、相手に自信をつけさせる言葉のことなのだ。相手が自信や誇りを持てるようなことを言ってあげることなのだ。誰にも褒められてなかったり、自分も不安に思っている点を他人に蔑まれたりすると、人は気分が落ち込むし、精神的なダメージを負うのだ」

私は頷いた。普段から自信を持っていなかったらそりゃそうだろう。

「でも、蔑まれた点が、自分がすでに相当他人から褒められていたり、誇れる実績を持っていたとしたらどうなのだ？　例えば由美がレストランを開いていて、ミシュラン一つ星を受賞したとするのだ。でもある日、知らないお客さんが『料理まずい！』って言ってきたらどう思うのだ？　由美はミシュランの褒賞と名誉で自信たっぷりだから、自分の料理を疑わないと思うのだ。せいぜい、参考意見の一つ程度にしか聞かないし、精神的ダメージも薄いのだ」

「自信つくと、他人の意見が気にならないヨ。普段から、大事な人に盾となる言葉を与えるの大事ヨ。普段から大切な人に自信を与える言葉、ソレが言葉の盾だヨ」

ムーの補足は、私の不安の中心を射抜いた。

同時に、今日おばけが私を褒めた理由がわかって納得した。普段からおばけは、周りの人々に盾を与えて守っているのだ。バカバカしい表現でも、あの量褒められたら、多少の自信は持たざるを得ない。これがより身近で信頼を置いた人に言われたら、余計に勢いづくだろう。盾どころか矛にさえなりそうだ。

「大切な人を守りタイと思うなら、普段から言葉の盾をアゲルとイイヨ」

「そうなのだそうなのだ」

おばけがリズミカルに同調し頷く、ほころんだ口元に焼酎が滴っている。口元が緩いおばけだ。

「今回の敗因は、励ます言葉不足ではなく、準備不足なのだ！　もし自分に大切な人がいるなら、普段から言葉の盾をプレゼントしてあげるのだ！」

そう言って、空になった焼酎グラスを掲げたおばけは、高らかに私の敗因を宣言した。気づけば随分酔いが回っていたらしい。

しかし思い返せば、私はこれまで夫に言葉の盾をあげたことがあっただろうか。数秒の待機時間を空けた私の記憶内検索結果では、なにもヒットしなかった。大切な人を随分無防備なまま、社会と戦わせてしまっていたんだなという後悔の念が、ぽっかりとした空洞のように心に残った。

だが、私にできることは見つかった気がする。これから逆境に立ち向かう夫に盾を新調せねばならない。

私は言葉を発さずして、大きく頷いた。

ムーは、私の顔を一瞥した。すぐに「彼女、やるべきことがわかったようダヨ」とだけおばけに伝えたが、おばけはすっかりできあがって、踊っていた。

私の目の前に、ムーが新しいグラスを置いた。透明な液体が満ちていて、グラスに結露ができるほど冷えている。

アルコールと思って口をつけると、ただのミネラルウォーターだった。グラス越しに酔っ払いのおばけと、未だに何者かわからないムーに、私は感謝を込めて一人で乾杯した。

さあ。しっかりしろ、と言われた気がした。

おばけのアドバイス

大切な人を普段から言葉の盾で守ってあげよう

言葉の盾とは、言われた本人に自信がつく言葉をあげること。

相手に与えた好意的な言葉や本人の成功体験、本人が他人から評価された記憶は、セルフイメージ形成に大きな影響を与える。守りたい人や、大事な人がダメージを受けそうな環境にいるときは、事前に言葉の盾をありったけ与えてあげることで、物理的に離れた環境からでも守ってあげることができる。

盾を与える側は普段からの継続が大事。突発的に褒めても、ただのお世辞にも聞こえてしまうし、盾としての効き目も薄い。可能な限り普段から、多種多様な角度から言葉を投げかけてあげることが肝心だ。

Lesson 09

よかれと思ったアドバイスで怒らせてしまった！

アドバイスには種類があるのだ

バーを訪れて以来、私は「あなたはすごい」とあらゆる角度から夫に伝え続けた。夫に言葉の盾を授けるのだ。

これまで全く伝えてこなかったぶん、本人は最初は驚き、そして「なにをいまさら」と言わんばかりに拗ねていたが、少しずつ笑顔が増え、「地方も悪くはないよな」「俺にできること、まだまだあるかもしれないし」と言うまでに前向きにもなってきた。

私は、まるで世界を救う魔法の呪文を手に入れたような気持ちだった。これを日々お経のように唱え続けていれば、少なくとも私の見える世界程度なら本当に救えるかもしれない。

夫が四国に発ち、私は目下マンションを引き払う片付けに追われている。ある程度の見切りをつけ、夕方、私はいつものようにバイト先の薬局へ出勤した。

雑多に積み上げられた書類ばかりの事務所。壁についたタバコのヤニが目に付く。書類の白い版面のせいか、余計黄ばんで見える。もし自宅であったら耐えられない内装の色だ。

私はタイムカードを押しながら、壁に貼られたシフト表を眺めた。数台の駐車場がある中規模程度の薬局になると、日中はほぼアルバイトしかいない。私の勤める店舗も、社員一人と私、フルタイムのベテラン主婦パート、そしてピークタイムの数時間に働く学生たちでどうにか店舗を切り盛りしていた。私がこの店舗の「リーダー」という、一般アルバイトと待遇にこれといった差も変化もない肩書きをもらいながら働いているのは、決してこの店舗への帰属意識や愛情からではない。専業主婦になって以来めっきり減ってしまった社会とのつながりを奪われたくないがためだ。

その小さな利害関係を象徴するように、事務的な音を立てて現在時刻が押されたタイムカードが打刻機から吐き出される。私は業務用のエプロンを頭からかぶり、女性用トイレに向かった。

しかし普段と同じ一日に見えたその日は、いつもとは違った。トイレ入り口に若い女の子がうずくまっていたのだ。手にスマホを握りしめ、腰を浮かせて両脚を抱えるような形で丸くなっている。慌てて声をかけると、その球体状になっていた女の子は、ゆっくりと顔をあげた。

学生アルバイトの里奈ちゃんだった。二十一歳だが、高校生の頃からここでアルバイトを続けているので、私よりベテラン。

里奈ちゃんの顔には、顔を押し当てていたカーディガンのあとがうっすらと付いており、目元に小さく涙のあとが見えた。

「すいません……」

ずびっと鼻水をすすり、里奈ちゃんはゆっくりと立ち上がった。

「大丈夫？　体調悪いの？」

「大丈夫です。すいません、ちょっと。大丈夫です」

全く大丈夫さを感じない返事の構成で私を避けるように売り場フロアに戻ろうとする彼女を、私はぴしゃりと制止した。

「待って待って。その顔で売り場出たらお客さんびっくりしちゃうから、ちょっと落ち着こう。ね」

廃棄品のお茶片手に、事務所の椅子に二人で向かい合って座ると、里奈ちゃんは再び堰を切ったように泣き出した。彼女のただならぬ雰囲気を感じた店長は、肩書きだ

け「リーダー」の私に、彼女のメンタルケアを一任し、売り場に消えてしまった。

「どうしたの。なにかあった？」

里奈ちゃんはゆっくりと首を横に振った。

「なにか怒られたの？」

今度は先ほどよりも早く、首を横に振り、また嗚咽だけを漏らしはじめた。

気まずい沈黙が空間を支配する。私は昔、母親から聞かされた童謡を思い出していた。犬のお巡りさんのところに迷子の子猫が迷い込んでくる。名前を聞いてもわからず、住所を聞いてもわからない。それに耐えかねたお巡りさんが、ついに匙を投げてしまって鳴き声をあげる。

いま考えれば、なんの解決策もない話だった。私は、その後お巡りさんがどうしたのかは知らない。私も、いまどうすればいいのかわからない。

数十秒の間を置き、目の前の子猫はしゃくりあげる嗚咽まみれのか弱い声で、ゆっくりと私に一言を絞り出した。

「面接。落ちちゃって」

面接。懐かしい響きだ。広告代理店を目指して面接を受け続けた頃を思い出した。幸い、第二志望の会社に受かり、そのまま働き続けてきたから、それ以外の記憶はない。なぜ受かったのか、十年弱働いてもよくわからなかったけど――。

里奈ちゃんは嗚咽交じりに、理由をぽつりぽつりと話してくれた。

いま自分が就職活動中であること、数十社受けても落ち続けていること、周りがどんどん内定を手にしていくのを見て、焦りを感じていること。

そしてさっき、最も行きたかった会社に不採用を言い渡されてしまったこと。

「なんかもう、限界で――」と言うやいなや、再び大粒の涙が溢れていた。

その涙の勢いに反して、私は少し安心していた――人生って、そういう時期、あるのよね。

行きたかった会社、やりたかった仕事、付き合いたかった人、欲しかった時間……願ったものが手に入らないことなんて、しょっちゅうだ。

しかしそれでも、なんとかなる。手に入らないものは手に入らない。その代わりの道を探し続けるのだ。

それは、三十代も半ばになってわかってきた、人生の一つの真理だと思う。絶望的な気持ちになる出来事はあるけれど、振り返るとその出来事にも意味があったのだと笑っているだろう——そう考えながら、夫のことを思い出していた。

きっと里奈ちゃんも、いまは辛くてもなんとかなる。


とはいえ、就活生に「そんなのよくあるから」なんて言うのは、神経が通っていないようで憚られる。おばけならどうするだろう?

仕事をしていた頃は、乗り越えるべき仕事というわかりやすい課題とゴールがあったから、アドバイスするのは楽だった。そんな過去を思い出しながら、私は里奈ちゃんにいくつかアドバイスをその場で伝えた。

- 仕事だけが人生ではない
- 落ちたことも大事な経験
- 今後いくらでも理想に向けた挽回の手立てがある

その三つを手短に伝え、昔の同僚たちの独立や転職の例を挙げながら挽回の手立てを話しはじめようとしたとき、里奈ちゃんが私をまっすぐ見つめ直し、ドスの利いた声で言った。

「由美さんには、わからないと思います」

絞り出された言葉は、鉛のように重かった。その重みに圧倒されて、私の喉から言葉が消えてしまった。まるで言葉を発する権利と機能を奪われたかのように。

「ありがとうございました。仕事します。ごめんなさい。ありがとうございました」

さっきと同様、一向に大丈夫さを感じない声で、彼女は私を背に事務所を出て行った。私は目を見開き、口を開けたまま、さっきまでの彼女と入れ替わったかのように、その場で凍り付いていた。

帰り道、マンション近くの小学校の通学路を歩いて帰った。普段ならバスを使うのだが、里奈ちゃんの言葉が喉に刺さった魚の骨のように残り、小さな痛みと違和感をもたらし、私に時間が必要だと叫んでいた。

私は、なにを間違えてしまったのだろう。それを理解して飲み込むまでは、一人の時間が必要だった。途中で寄ったスーパーの買い物の記憶もおぼろげだ。

このショックはどこから現れたのだろう。私がよかれと思って伝えたアドバイスを、彼女が不服そうに切り捨てたから？　いや、彼女に切り捨てられたことがショックだったのではない。浅い考えで彼女を励ませると踏んでいたこと、その選択以外の手段が全く思いつかなかった、自分への失望からだ。
私はぶら下げた買い物袋の重みで、指の感覚がだんだんなくなったことにも気づかず、夢中で自分の受けた衝撃を因数分解すればするほど、自分の浅はかさにうちのめされる思いがした。

やっと自宅マンションが見えてきた。指の痛みに気づいてふと立ち止まり、袋を持つ手を替える。すると、保冷剤のようなひんやりとした感触が、突然首元を包んだ。

「わあああ!?」

私は腰を抜かし、その場に崩れ落ちた。買い物袋から、豚肉が飛び出している。
しかし崩れ落ちた私の背後に、もっと大声で崩れ落ちたものがいた。おばけだ。

「な……っ……なに？」

私は驚きのあまり強硬な口調でおばけを責めた。私と同じように驚いた姿勢のおばけは、まだ混乱しているかのように私に向かって叫んだ。

「なんでそんな大声出すのだ⁉　まるで幽霊に遭ったみたいな声出して！」

「ゴメン……ん？　いや、幽霊だよ！　おばけ、幽霊じゃん！」

負けじと私も言い返す。おばけは「あ」と納得したような顔をして口を開いた。私たちは息を整え、マンションのエントランスに向かった。買い物袋を持ってほしいと頼むと、おばけは中のプリンに気づいたのか、一袋持ってくれた。もし周りに人がいたら、買い物袋が急に一つ消えたように見えるのだろう。

アドバイスの前に信頼関係

いま、おばけは私の作った特製レモネードをおいしそうに飲みながら、食後のテーブルを拭いていた。私はシンクに溜まったお皿を洗いはじめた。

一心不乱にお皿を洗っても、心のモヤモヤが取れない。だんだん、イライラしてきた。よかれと思った選択に、結果がついてこない。

「聞いているのだ？」

「ん？」

ふと我に返ると、おばけがこちらを向いて話しかけていた。

「あ、聞いてないのだ。大事な話なのに」

「ゴメン。なんだっけ？」

「レモンでレモネード作れるってことは、グレープフルーツで作ればグレネードになるのだ？」

「ゴメン、聞く価値なかった」

「まさかのそっちから価値ゼロ宣言!?」

おばけとの軽口に、ふと悲しさが押し寄せてきた。おばけは普段はこんなでも、いざというときは、納得できるアドバイスをくれる。そういうことは、私にはできないのだ。もどかしい。わかってはいたが、もう確かめるしかなかった。

「ねえ、おばけ」

私はフキンで手についた水気を取りながら、自分の喉や胸につかえた小骨のストレスに限界を迎え、重い腰をあげた。


「力になれると思ったんだよね。なまじ年上ってのもあるし、社会人としては先輩って立場もあったから」

自分でも、まるで用意してきた言い訳を並べているようだった。私は、目の前で飲み切ったレモネードのストローをゾゾゾォ……と吸い続けるおばけに、今日の一件を話しきった。

おばけはうんうんと頷くと、テーブルに空のレモネードのグラスを置いた。

「人に助言するっていうのは、なかなかハードルが高いことなのだ」

私は頷いた。

「単純に相手の足りてないことや問題点を指摘するだけなら、ぶっちゃけ本人だけで気付けるのだ。問題は、その指摘がどれだけ本人の納得感を得られて、そして心に刺さるかなのだ」

まさに。私ができなかったことはまさに、そこだ。私のアドバイスは恐らくそんなに回答としては的外れではなかった。でも、刺さらなかった。それが問題のはずだ。

「理由、わかるのだ？」

「うーん、いきなりビシビシ短時間でアドバイス畳みかけちゃったからかなあ……」

バイト中とはいえ、短時間であれだけ結論ばかりまくしたてたら、誰だってイラッとするかもしれない。内容は間違ってないが、伝え方が悪かった――そう考えた。

「んー。ちょっと違うと思うのだ。その泣いていた女の子、きっとアドバイスはいらなかったと思うのだ」

「あ、ただ聞いてあげればよかったのか」

「落ち着くのだ。それともまたちょっと違うのだ」

フワフワとした会話が続く。私が結論を急ぎすぎて焦っているのは明らかだった。それを見かねたおばけに制止される。

「彼女は、アドバイスは欲しくなかったのだ。自分の痛みをわかってくれる人がまず欲しかったのだ」

私は首を大げさにかしげる。納得がいかない。永遠に話を聞いてくれるだけの人が欲しかったのだろうか。

「まず、前提だけど。彼女の悩みを聞いたとき、由美は自分の経験則に基づくアドバイスをしようと思ったのだ。それは、いわゆるコンサルティングなのだ。『どうすればいいのか』を教えているのだ」

私は大きく頷く。アドバイスってそーゆーもんじゃないの？　不満を示す私の顔を一瞥し、おばけは続ける。

「でも、話の聞き方やアドバイスの仕方はコンサルティング以外にもあるのだ。コーチングと、カウンセリングなのだ」

三種類のアドバイスの使い分け

「どれも聞いたことはあるよ。でも、どう違うの？」

「まず、**コンサルティングは本人が抱えている課題に対し、具体的な手段や解決策を示すアドバイス**なのだ。専門知識や過去のノウハウを提供する話が主で、具体的だからビジネスで好まれるのだ。ちょうど今回の由美なのだ。『**こうやるんだよ**』**と伝えるアドバイス**」

私が話したのはたしかに私の経験則だ。そこは疑いようがない。

「次にコーチングは、激励や本人の気づきを引き出す際に使われるのだ。本人のやる気をコントロールするような言葉や、本人の知りえない情報だけを与えるのだ。そうすることで、本人自らの働きかけで、課題を解決するよう促すのだ。コンサルティングは手取り足取り『手段』を教える。コーチングは本人が知りえなかった『情報』を教えるだけ。または、『周りからあなたはこう見えているよ』程度の第三者視点でのアドバイス」

おばけは息を吸った。

「そして彼女が欲しかったのは、最後のコレなのだ。カウンセリング。これは建設的な意見や次の行動を促すことをしないのだ。本人の感情の昂りを落ち着かせて安心感や聞き手との連帯感を与えるだけ。聞き手との信頼関係を構築することが目的なのだ」

「里奈ちゃんが欲しかったのが、安心感や連帯感ってこと？」

私は我慢しきれず、食い気味におばけの話に続けた。

「泣いていたりして、情緒不安定な相手にアドバイスは届きにくいのだ。だからまずは、一定の安心感を与えてから彼女の心の扉を開くことが有効なのだ。由美は、彼女の心が閉じている状態で解決策を与えるコンサルティングをしたのだ。だから、彼女は完全に由美のことを『自分のことを理解してくれる人ではない』『手っ取り早く解決しようとしている』と判断して、心を閉ざしてしまったのだ」

おばけは、しょんぼり悲しそうに視線を下に落とした。

「待って待って、だってカウンセリングしても解決にならないよ？　話を聞いてもらいたい気持ちはわかるけど、やっぱり聞くだけじゃ意味ないような……」

「もちろん、解決にはならないと思うのだ。でも、**相手に助言する入り口は、カウンセリング。**つまり、ただ聞くだけじゃなく、相手と同じ痛みを持つ人であるとアピールしたり、相手と同じ状況にハマってあげたりして、相手の状況を理解したことを伝えてあげることから始めるのだ。そうじゃないと、いつまでも外部の人間からの責任感のないアドバイスにしか聞こえないし、そのあと由美が素晴らしいコーチングやコンサルティングを行えたとしてもそもそも聞き入れてもらえないのだ」

私は言い返すことができなかった。あのとき私は、里奈ちゃんに寄り添う言葉を一つもかけていなかった。

「オススメは、カウンセリングで信頼関係を構築し、コーチングで自発的な解決策や気づきを見出してもらって、それでも足りないところにコンサルティングで具体的手段の提供や一緒に作業する時間を追加する流れなのだ」

喉につかえたものは、いよいよ腸の奥底に落ちてしまったようだった。

相談への返答は、カウンセリング、コーチング、コンサルティングの三段構成。私は最初の基礎を踏まず、いきなり結論とノウハウを与えるコンサルティングから始めたってことか。

たしかに、一方的なアドバイスだったと思う。思い返しても、里奈ちゃんの状況や感情の温度を感じられるほどの情報を、私は仕入れていなかった。仕入れようともし

	カウンセリング →	コーチング →	コンサルティング
目的	相談できる信頼関係の構築	相談者が自身で目標に至るための支援材料の提供	相談の解決手段の直接提供
相談者が得るもの	相談される側との信頼関係、落ち着き、心理的安全	自分では気づきえない（知りえない）情報 （例：現状認識、外部情報）	具体的な解決手段、分析結果、指導。解決に向けた作業リソース
相談される側が提供するもの・気を付けること	相手の心理的安全の確保、相手の味方であり脅威でないことの明言	相手にとって有益な情報、相手の現状認識とのズレの把握	問題の分析結果と解決策の整合性の確保と説明。指導及び共同作業範囲のリソース
代表的な職業	カウンセラー	コーチ、教師	コンサルタント

ていなかった。

おばけは少しだけ申し訳なさそうな笑顔で、私に続けた。

「まずは時間をかけて敵じゃないことを理解してもらうことから入らないと。傷ついた人から見れば、人間は全て脅威にしか見えていないはずなのだ。由美は、信頼関係を構築しないまま、アドバイスで相手との距離を縮めようとしてしまったのだ」

久しぶりにパンチのあるアドバイスだ。私は、年上だからと無根拠に傲慢になっていたのだ。アドバイスなんて、他人の言うことに的確に返すことだけがルールだと私は知らないうちに思い込んでいた。いまさら気づくと、随分恥ずかしいものだ。

「ねえ、おばけ」

おばけは私にレモネードのグラスを差し出す。私はそれを受け取り、立ち上がった。キッチンの自家製レモネードシロップを詰めた瓶を取り出す。私はレモネードを作りながら、少年のようにレモネード完成を心待ちにして目を輝かせてこちらを見つめるおばけに尋ねた。

「毎回、どんな相談でも、その三段階の手順が必要なの？」

自分でも、自分が鬱陶しそうな顔をしているのがわかる。相談を持ち掛けられるごとにその手順を踏んでいたら、莫大な時間がかかることだろう。

「そんなことないのだ。例えば、話を聞いてほしいだけの人なら、カウンセリングの段階で本人が話しながら整理して完結するし、コーチングで他人から見た本人の立ち位置とか教えてあげるだけで、自分で学んでアドバイス不要！って人もいるのだ。あくまでコンサルティングは、アドバイスにおける最後の手法で、常に相談の回答になるわけではないのだ……あ、レモネードのシロップ多めがいいのだ。一生のお願いなのだ」

私はこれでもかとシロップをグラスに入れる。氷を入れたら、1：1の割合にまでなってしまいそうだ。氷の間をシロップが満たす。氷の形に合わせて接する形を変えるシロップに一抹の嫉妬を感じる。

「今回は、由美にはちょっと手厳しいアドバイスになってしまったのだ。ごめんなのだ」

おばけは俯きながら申し訳なさそうに私に謝った。


「でも、他人にアドバイスするって、とても危険で技術が必要なことなのだ。アドバイスを聞き入れた他人の思考や行動を左右するから、生半可な気持ちでやると、必ず不幸になるのだ。だから、アドバイスをする人、生業にする人、そしてそれ以外でもアドバイスを求められる人は、自分のアドバイスが凶器にもなることを、おばけは覚えておいてほしいのだ」


ここまで切なる声色でなにかを願うおばけは見たことがない。俯きながらも、その目は確固たる意志に満ちていた。きっと、生半可なアドバイスで堕ちた人々を多々目にしてきたのだろう。私に容易にその想像をさせるほどに、その目は真剣だった。

私は強く頷き、でき上がったお代わりのレモネードをおばけに手渡した。淡黄色のグラスを見ながら、私は自分の口から出る無責任なアドバイスがカミソリのような鋭利な危険性を持つことを認め、この冷たくなった指先から身が引き締まっていく感覚を覚えておこうと思った。

おばけのアドバイス

アドバイスをするのは、信頼関係を構築してから！

人にアドバイスする際は、まず本人の感情や状況に配慮し、相手への理解を示そう。相手に自主的な気づきや行動を促すのは、相手との信頼関係が構築できてから。

アドバイスの順番は、カウンセリング（同意による心理的安全の確保）⇓コーチング（気づきを与える声掛け）⇓コンサルティング（手法やノウハウを手取り足取り教える）。相手の状態を見極めて、段階的に使い分けよう。アドバイスする側は、相手の度量を常に推し量る感性が必要であることを忘れてはならない。

Lesson 10

彼の言葉を信じていいかわからない

「好意」という麻薬があるのだ

彼の口にした「永遠」は惰性の果てに、見るも無残に腐っていった。

いつか読んだファッション誌で、「付き合ってはいけない男の３Ｂ」として、三つの職業が紹介されていたことを思い出す。

バーテンダー、バンドマン、美容師。頭文字が「Ｂ」という共通点でしかつながらない三つだ。しかし、当時田舎の高校生だった私は、この三つの職に就く男性には気を付けようと、断固心に誓った。

それなのに。気を付けていたはずなのに。

会社に勤めはじめた頃だった。あるバーテンダーに「永遠」を誓われ、私はいつか二人で暮らす日々を夢見て、そのバーに足繁く通っていた。彼の店を少しでも支えたい一心だった。

しかし、その永遠はまるで燃焼材入りの蝋のように溶けてなくなった。

ある日彼は、私に「別れてほしい」とだけメールをして、以降連絡が途絶えた。当時は必死だったけれど、いま振り返れば、浅はかなものだったと思う。ただ、どこかで他人に存在を認められ、愛されたかったのだ。認めてほしくて。

私は、Bar Deadman's Refugeで、一人なんとはなしに、ムーにそんな思い出話をしていた。

おばけに連れられて以来、怖いもの見たさと精神の安定を求め、私はすっかりBar Deadman's Refugeの常連と化してしまったのだった。

ジンリッキーを飲み干すと、私は一人、帰路に就いた。足元に吹く風が、季節の進みを教えてくれる。もう風が秋めいてきた。繁華街を颯爽と吹き抜ける風に湿気がない。

四国の四季は、どんなだろうか。ぼんやりと新しい季節に思いを馳せていると、小股で歩く私の視界に突然黒い影が野道からその姿を露にした。

「あの。間違ってたらごめんなさい」

自信なさげに私の前に立ちふさがるその長身の男に、私は見覚えがすでにあった。

しかし、急すぎる邂逅に声が出ない。

「由美ちゃん……？」

私の名を呼ぶその長身の男は、懐かしい甘ったるい声で私にそう尋ねた。

この日の私の最も咎められるべき過ちと言えば、間違いなくタクミに言われるがまま、近くのカフェに入ってしまったことだろう。

「久しぶり。人づてに結婚したのは聞いてたんだけど、連絡の取りようがなくて」

恥ずかしそうにそう語るその男は、手元のコーヒーをすすった。

コーヒーを持つゴツゴツした指、血管の見える腕、そしてそこから紡ぎ出される言葉の全てが懐かしい。世間一般では元カレと呼ばれるであろうその男、タクミは十年前と変わらない姿だった。

「うん、いろいろあって」

謝らなかった。タクミが連絡を取れなかったのは、私がいわゆる着信拒否を行ったからに他ならない。携帯電話からスマホに皆が切り替えはじめる頃だった。当時の私はスマホに切り替えたのを機に、過去に見切りをつけるように、もう関わらないと決めた人間を一人ひとり自分の世界から拒絶した。

「変わらないね。そーゆーところ。好きなところが変わらず、ずっとそのまま。相変わらず女優みたいな顔しているね」

美辞麗句、という言葉がある。誰にとっても聞こえがよく、そして耳触りがいい言葉のことだ。なぜこうも女に困らない職業をしている男は、簡単にも人を褒め、正面から好意を伝えることができるのだろう。おばけに言われる褒め言葉とはまた違ったくすぐったさがある。

二十分も流れるような語彙力で美しく脚色された思い出を語るこの男に、私は萎縮してはならないと思った。多少の脚色も編集も、この男が言うとそうだったのかもしれないと思ってしまう変な信憑性がある。

私は目的を持って彼と話そうと思った。そうだ。タクミが昔、私を捨て、私を傷つけた理由を確かめよう。その目的を果たそうと思った。

「でもほんと久しぶりだね。まだバーテンダーやってるの？」

「やってるよ。場所は変わったけど、店の名前もそのままなんだ。いまの店、招待するね。まだジンリッキー好き？　飲みにくいからライムは外すんだよね。覚えてる」

「うん、好き。どこになったの？」

不覚だった。少しでも嬉しいと感じてしまった。およそ十年経っても、自分のオーダーを覚えてくれていることに、特別感を感じてしまった。私は、返す刀で意図せず相手に興味を示してしまっていた。

タクミがこの隙を見逃すわけなかった。自分の名刺を取り出し、その裏に日にちと時間を書いて私に差し出した。

「予約しとくよ。この日この時間、貸し切りかも。どう？　人がいない時間なんだ。好きな人と話すにはうってつけ」

ああ。どうしてこの手の男は、すぐに「特別」をくれるのだろう。彼は簡単に「特別」という蜘蛛の糸を垂らし、特別扱いに飢えた私の気持ちを試してくる。静かに名刺を受け取り、私は魅入られたように頷く。

「よかった。そーゆーところ好きだよ。好き。昔からずっと」

冷静になれば、主語のないその好意がどこに向けられているのか謎だ。それなのに、その言葉を聞いた瞬間、私はガラにもなく顔を赤らめて下を向いてしまった。さっき決意したばかりの目的も、とうに見失いかけていた。

しかし、それではいけない。私は、今回限り金輪際、彼に接していい立場ではない。夫を持つ身である。そして彼に捨てられた過去を持つ、怒る側の身だ。

「ねえ」

「ん？」

「私たちって、なんで別れたの？」

無意識にタクミを庇う言い方になった自分に心底うんざりする。別れたのも捨てたのも、タクミが引き金を引いたんじゃないか。「私たち」じゃない。

付き合って一年を過ぎた頃、突然、「別れてほしい」とメールで告げられた。私は、頭をよぎる数々の思い出にヒビが入る感覚に囚われながら、タクミがもう自分のものではないという諦めだけが私の指を動かすように空虚にチカラのない「わかった。でもなんで？」と打ち返した。

その返答は、十年ずっともらえずにいまに至っている。

とたんに私に向けていた笑顔がまるで潮のように引いた。しかしタクミはすぐに恥ずかしそうな笑顔で「好きだよ。いまも昔も」と回答になっていない言葉を並べた。

返答に困るべきなのか、不誠実すぎるその態度に怒るべきなのかわからないまま、私がなにかを言いあぐねているとタクミは再度いつもの笑顔に戻って私に告げた。

「店、来たら教えてあげるよ」

言葉のもう一つのチカラ

「一日千秋」

この言葉を初めて使った人は、きっととても辛い思いをしたはずだ。じゃなければば、こんな的を射た表現が出てくるはずがない。同じように千の秋に匹敵する数日を乗り越えた私は、タクミのお店の前に、タクミの指示した日時に、タクミの意図したとおりに立っている。この扉を開けばどうなるのだろう。

ターミナル駅の雑居ビルの地下にある、重厚で無機質な鉄製の扉。
この扉を開いて、私はなにがしたいのだろう。数日前に声をかけられ、昔話に花を咲かせて、夢だったのかと思うほど心地いいタイムスリップをした私は、心のどこかで、ほんのり甘い好奇心に突き動かされている自分を感じていた。

しかし、夫を追いかけて四国へ飛ぶ日まで、あとわずかだ。まるで運命にそそのかされたような猶予期間に感じる。
きっと新しい人生のステージに入る前に、ちょっと思い出巡りをしたいだけ——そう、私は甘い好奇心に蓋をして、代わりに郷愁を装備した。
ドアを押し開けると、カランコロンと鐘が揺れた。

「いらっしゃ……お！　来たね。待ってたよ」

タクミが柔和な微笑みを向ける。先日の宣言どおり、お店には他に客がいなかった。お店は六席程度のカウンターと、ギリギリ三人ぶんの椅子を並べるくらいの広さしかなかった。

「お邪魔します」

他人行儀になりたかったわけじゃない。ただ平静を装いたかった私は、なるべく澄ました顔と雰囲気でお店に足を踏み入れた。

「どうぞ、カウンターど真ん中に」

そう言ったタクミは濃紺のワイシャツに黒のスラックス、黒色の前掛けがよく似合う線の細さ。ゴツゴツして程よく血管の浮き出た右手の甲が、柔らかな包容力を纏って私をカウンター席に誘《いざな》う。昔の私が惚れるわけだ。

「今日も服、綺麗だね。昔から自分の似合う色よくわかってるよねぇ」

私の脳に雷でも打たれたのだろうか。ただセンスを褒められただけなのに、顔が火照り、感無量とも言える歓びを感じる。不本意ながら生まれつきの素材で褒められることが多い私に対する、培ったスキルを称賛するセンス。大丈夫、まだ自我を保てる。

「良いジンを、仕入れたんだよ」

「えっ、ほんとに？　なんか悪いな……」

「ほかでもない由美のためだからね。他の女性にはこんなことしないよ」

特別扱いに数日前からすでに酔っているのに、さらに今日はアルコールまで体内に迎え入れようとしている。まるで無意識に夫への言い訳を作ろうとしているみたいだ。アルコールが入っていたから、少し元カレと火遊びしてしまいました。

今後予想し得るその結末を迎えたら、私はきっとその言い訳を免罪符のように扱うだろう。

目の前に出てきたジンリッキーを一口だけ口に含む。冷えた氷が少しだけ冷静さを取り戻してくれるかと期待したが、しっかりと開封されたばかりのジンのアルコールを舌に感じた。私好みにグラスから抜かれたライムの酸味が炭酸に乗り、涼しい味が口の中を突き抜ける。

「乾杯もしてないのに」

目の前でタクミが笑う。目尻が昔のままだ。過去の私が愛し、いまの私を惑わせる目尻。私は目を伏せて、慌ただしく弁解するように自らを恥じた。

「じゃ、乾杯」

タクミは一人でグラスを私に向けて掲げた。バーカウンターを出て、私の隣になんの悪びれもなく座る。距離の近いカウンターだ。私の心臓の音も聞こえているのかもしれない。

「ゴメンね。あのときは、寂しい思いさせて。あのときのオレ、どうかしてたよ」

手を伸ばせば届く距離にいるタクミが、毛ほども反省していないことがわかるセリフを吐きながら口を開く。

「理由は言ってくれないんだ？」

「うーん……。いま、仲悪くなりたくないし。自分の好きな人とは仲悪くなりたくないじゃん？」

まるで話にならない。なにも進展しないし、なにも解決しない。それでも私の全身に回った心地よさの粒子が、タクミは自分に必要な存在だとささやき続ける。

それ以上の追及ができなくなった私に気づき、またタクミは昔の話を始めた。

前と少し違ったのは、話のところどころに「これからは定期的に会って、また仲良くできたらいいね」と、未来を彷彿とさせる言葉が差し込まれていたことだ。

都心のターミナル駅近くに隠れた、地下一階の甘美な罠にハマった私は、その罠に全身を委ねるように時間を過ごした。店を後にするとき、また次回の貸し切り時間の書かれた名刺をお守りのようにタクミから渡された。書かれた時間は閉店間際だった。そのあと一緒に遊びに行こうと言う。

お酒はたった二、三杯のジンリッキーだけなのに、店を出たいまも顔の火照りが収まらない。初めて夜会に誘われた童話のプリンセスのように、無垢なフリをした。次にあのお店に足を踏み入れれば、その夜になにが起こるかわかっている。でも、わからないフリをしている。

次にタクミの店に行くまで、一週間は間があく。
ただ、引っ越し前に懐かしい人に会っておくだけ——たいしたことない。

そう言い聞かせている時点で、私は自分が甘い罠を楽しみにしているのはわかっていた。それでも、気づいていないふりをする私は、なんて不道徳なのだろう。

残す出勤もあとわずかのアルバイト先から、発送を終え、荷物も少なくなり、わずかな段ボールとテーブルしかないマンションに帰る。仕事中は忘れられていても、その忙しさから解放されるや、先日のタクミの笑顔が脳裏をうめつくしていた。

鍵を開けるとリビングが明るい。おばけがいるのがわかった。

リビングの扉を開けると、おばけが積みあがった段ボールをクッションにするように寛ぎ、お昼寝をしていた。大の字に横たわるおばけを横目に、私は遅くなった夕飯の準備を始める。

しかし、頭が働かない。なにを作ればいいのかわからない。頭が心地よく温かい、そして身体が火照るように熱い。認めたくない感情に後押しされたその身体異常を振り払うように私は蛇口をひねり、シンクに流れる水に手をかざした。常温の水が私の手を打つ。このままこうしていれば、身体も、頭の熱も冷めてくれるだろうか。

「おはようなのだ」

見ると、段ボールの海からおばけが半身を持ち上げ目をこすりながらコチラを眺めている。私は目を伏せて軽い会釈を返した。

「いまからご飯作るのだ？」

「うん、なにか、食べたいものある？」

私はおずおずと慰めの夕食のメニューの希望を打診した。

「あ。ムーの料理食べに行こうなのだ。ムーの郷土料理おいしいのだ。パキスタン料理なのだ」

「え、ムーってパキスタン出身なの？」

「そうなのだ。パキスタンでは有名な悪の秘密結社の社長なのだ」

「え。悪い人なの？」

「悪の秘密結社だから当然なのだ。確定申告もするし、従業員満足度高いし、道のゴミ拾いとかもするけど、悪の秘密結社なのだ」
「それだけ聞くと、とてもいい会社じゃない？　どんな悪いことしてるの？」
「秘密結社だから秘密なのだ。ただ、最近はめちゃくちゃ勢力を増していて、被災地にボランティアに行く活動をしているらしいのだ。そこで恩を売って社員を増やしているのだ。そしてまた増えた社員で被災地へ……」

私はその活動のなにが悪なのかがわからないまま、Bar Deadman's Refuge へ向かうことにした。冷蔵庫の中身は引っ越し前でなにもなかったし、あまりにフワフワしたこの精神を丸ごと、ムーの店が持つ青白い光で冷やしたい気分だった。

繁華街の人混みをかき分けるように進み、色とりどりのネオンに導かれるように私は繁華街を抜けて、薄暗い路地裏に佇むBar Deadman's Refugeにたどり着いた。

たった一回、別のバーに行っただけで、なんだか故郷に帰ったような安堵が私を包むのがわかった。

すっかり見慣れた扉を開いて、中に足を踏み入れた。紺碧の光が差し込むその場所には、やはり人はいなかった。

バーカウンターの裏にある扉の奥から人の気配がする。ムーだ。

おばけは、自分の来訪を知らせるかのように私の背後から「たのもー！」と道場破りのような挨拶を叫び、フワフワといつもの席に座った。私も、そろそろとおばけの右隣に座る。

来るのはもう何度目だろう。三回目ぐらいに来たとき、ムーが「生きてるのによく来るジャン」とだけ私に皮肉を言った。皮肉屋の言いやすそうな歓迎のセリフだと思った。

奥の扉からムーがいつものバーテンダーの装いとは違う、前掛けを結び直しながら私たちの前に現れた。その途端——

「フリンダメ、ゼッタイ」

背筋がゾクッとした。早速ムーに全てを見透かされた。きっと、私がなにを望んでいるのかを明らかにするために今日ここを訪れたこともバレているのだろう。

「不倫になるのワカッテルのに会いに行こうとしてるの。カマトトぶってるネ」

ムーは私に呆れたように、そして諦めたように一瞥をくれたあと、私とおばけの一杯目を作りはじめた。

「え。不倫しているのだ？　夫いるのに？」

おばけはジト目で私を見つめた。

「いや、そんなわけないよ」

「ウソだヨ。なにが起きるかわかっていながら、元カレのお店に行こうとしているヨ。立派な不倫未遂だヨ」

「あー、いーけないんだーいけないいんだー♪」

小学生のように囃し立てる未知の生物の前で、私は観念し、先日の出来事と自分の感情を素直に打ち明けてみることにした。

その言葉に愛はあるか？

「流行りすぎなのだ。不倫。しかもみんな何度も何度もやるのだ。ポイントカードでもあるのだ？」


二杯目のグラスを傾けながらおばけは、うんざりしたようにレンガ調の壁を見つめてつぶやいた。その視線の先には、殴り描きのような抽象画が壁に掛かっている。白、そしてピンクのかわいい花々が、哀し気に俯いている絵画だった。

私は、おばけの前に置かれたおばけの飲んでいる銘柄の瓶が虚ろな光を反射しているのをぼんやりと見つめていた。この光や、通り抜けた繁華街のネオンのように不誠実な光にすがるように、私は今日この場所に来た。

「ゴハン、食べるの？　ナンでいろいろ包んだ軽いモノあるよ」

ムーは珍しくメニューを打診してきた。私は頷き、おばけを見た。

「いろいろってなにが包まれてるのだ？」

おばけは小学校で低学年の子どもが先生に質問するような瞳でムーに尋ねた。

「秘密だヨ」

「えっ。怖いのだ。なにが包まれてるのだ」

「軽いものヨ。希望とか、夢とか。人生とか」

「重すぎるのだ。胸やけするのだ」

いつものやりとりを眺めながら、私は自分のグラスを飲み干し、壁に掛かる絵画を眺めた。それほど大きくない店内に小さい絵が一枚だけ飾ってある。店内が暗いからか、あまり注意して見たことはなかった。鉛筆で描かれた細いチューリップのような花に、絵具で粗雑に淡い色がつけられていた。自宅のベランダでガーデニングしてもいいと思える見た目の花だった。

「綺麗デショ」

カウンターでカチャカチャと人生が包まれたなにかを用意しながら、ムーが私に再び声をかける。

「うん、かわいい花。なんて言うの？」

「聞かないほうがいいのだ」

おばけが制止力のあるトーンで会話に入ってきた。ムーは、三秒の沈黙のあと、おばけを一瞥し、おばけが諦めたような顔をしたタイミングで返答をよこした。

「ケシ」

……聞いたことのない名前だ。私がデニムのポケットからスマホを取り出そうとすると、おばけがボソリと喋った。

「ケシの花。麻薬で有名なアヘンの原料なのだ」

「え、こんなかわいい花なのに？」

私は驚愕し再度絵画を眺めた。ムーは二つのお皿にケバブのような料理を盛りつけながら私に答えた。

「世の中の麻薬。だいたい綺麗な見た目ョ。大麻の原料、アサも。魅入られるような綺麗な色ョ」

「ええっ。なんだかタチが悪いね。そんな綺麗な見た目なのに麻薬成分があるなんて。こわい」

私は壁の絵に向かって目を見開いたまま、思ったままの感想を返した。補足情報があったうえで見ると、無垢な花がとたんに不気味さを帯びてくる。

「言葉にも麻薬があるのだ」

ナンに包まれた人生をほおばりながら、ハッキリした口調でおばけが言い切った。

「……ん？」

突然の話でまだ意図がわからない。言葉も、麻薬のように規制や加工ができることを指したのだろうか？　おばけはもぐもぐと口を動かし次の言葉を発するまで時間を置いている。

私は、いつの間にか引っ込んだおばけの飲んでいた焼酎瓶の銘柄の跡地に置かれた私のぶんの料理を引き寄せ、助けを求めるようにムーに視線を送った。

「アマいコトバ。麻薬。見た目や聞こえがいいコトバだいたい、麻薬」

それだけをぶっきらぼうに告げて、ムーはまたカチャカチャと手元で作業をしだした。ハフハフと料理を呑み込んだおばけがやっと話せる態勢に戻った。

「人からの好意、称賛、賛辞の言葉は、人間に麻薬効果をもたらすことがあるのだ。特に、意中の異性や尊敬する人物から受け取る好意の言葉は格別で、一度受け取ってしまうと、もっともっとと、麻薬中毒のように次を求めてしまうのだ」

「女ッタラシがよく使うヨ」

私のフワフワした意識に、目の覚めるような温度の冷水が注がれている気がする。朝目覚めて水分のない身体にレモンが数滴混じる冷えたミネラルウォーターを口から流し込み、胃から身体全体へ浸透させるような感覚。

「『特別扱い』や『好意』の言葉を、安易に人に与え続けることができる異性に注意するのだ。……もうわかったと思うけど、そのバーテンダーの彼はまさにその代表例なのだ。相手が普段受け取っていない好意の言葉を集中して与えて、言葉の麻薬にどっぷり浸す。恐らく、会話の最中に『好き』とか、『綺麗』といった誰にでも言えるような曖昧な賛美の言葉をたくさん贈ってくれたのだ？　そんな好意の嵐の中にいれば、その喜びを求めてコチラが警戒解くところまで、彼は計算済みなのだ。コミュニケーションスキルとしては、相当上級者だけど既婚女性に使うとは……相当悪い使い方なのだ」

おばけはこれまでにない真面目な顔で、矢継ぎ早に話した。ムーが静かに頷く。

「おばけは人を褒めたり、勇気づけたりするために好意の言葉を使うことは、たとえ嘘でも、全く悪いことだとは思わないのだ。前話した言葉の盾のように、好意やポジティブな言葉は、相手にはプラスになるのだ。

でも、言葉を弄して気づかれないように私利私欲を満たす行いは許せないのだ。だから、由美には忠告したいのだ」

私は、自分の浮足立った心、フワフワした思考が完全に温度を失っていく様を、まるで第三者のような感覚で見ている気分だった。溶けた鉄に大量の水をかけたときのように、形を成さなかった火照りが収縮し、いまやどす黒い色をした固形の廃棄物にしか感じられない。

その廃棄物には、昔彼氏として私を裏切った男の悪意や都合のいい欲望が混ぜ込まれ、私に手招きしている。さっきまで、まるでケシの花のように軽やかで美しく、色香に満ちた佇まいでいたのに。

私は、ポケットに入れたままだった彼の名刺を取り出した。新しい店舗、約束の日時、過去の男の情報がそこにはあった。

「鼻がムズムズするのだ」

「当店、いま絶賛チリ紙が一枚もない期間だヨ」

おばけとムーが私の手元の名刺を見つめニヤニヤと笑っている。

私は笑って名刺を差し出した。おばけは渾身のチカラでどこにあるかわからない鼻をかみ、ムーの差し出すゴミ箱へクシャクシャにした名刺を叩きこんだ。

私は、お店でおばけとムーと別れた。あれ以上のアドバイスはいらない。私はもう過去を吹っ切る準備ができた。四国で過ごす毎日に思いを馳せた。
きっと、夫との新しいチャレンジの日々が待っている。二人で、会話をたくさん弾ませるのだろう。
乾燥した軽やかな空気が気持ちいい。私の身体は、その全てから一切の不純物が抜かれたようにスッキリしていた。

ネオン街を抜けて電車で最寄りの駅に戻る。小学校沿いの帰り道を歩きながら、私はおばけから学んだことを思い返す。

生まれた境遇、過去の過ち、そして未来。その全ては、現在の自分が向き合う物事や人々と、どうコミュニケーションを図るかで自らが変えることができる。家族や環境に縛られなくていい。過去の自分とも決別はできる。そして、**未来の私に寄り添う世界は、自分が周囲とのコミュニケーションを工夫することで、どうとでも変えることができる**ことを私は学んだ。

秋の夜風が私の頬を撫でる。通りかかった橋の上から見下ろした水面に、月の光が満ちていた。未熟な緑から、徐々に赤や黄色に色を変えて水面を漂う落ち葉たちが錦のように流れていった。

おばけのアドバイス

言葉の麻薬に惑わされるな！

人からの好意、称賛、賛辞の言葉は、人間に麻薬効果をもたらすことがある。そんな言葉を受け取ったときは、正常な判断能力や心境でいられているかどうか、注意しよう。人は、自分に都合のいい言葉を与えてくれる人間の近くに行きたがるもの。自律する意識が必要だ。

話達者な相手の言葉には、事実以上の期待感や信憑性を感じてしまうため、常に相手を見極めて受け取る言葉を選択し、仕込まれた麻薬を見抜けるようになろう。

End Quotes...

「あなたの言葉には、人を救うチカラがある」

晴天の霹靂のように、そのメッセージは僕のSNSアカウントに届いた。

普段から僕のSNSアカウントには老若男女問わず、幅広い相談が届く。

その中で最も多いのが、恋愛を主とする対人関係について、そして自分のメンタルの不調についての相談だった。ここ二年ほど僕は、空いた時間を見つけてはDMを介し、病状が違えば処方する薬が変わるように、可能な限り個人に最適化した言葉による治療を行っていた。

その文章の送り主は、以前僕が恋愛や対人関係について相談に乗っていた女性だった。この本にも書いた「言葉の毒」に完全に侵された状態で、僕に助けを求めてきてくれたのだ。その病状は深刻極まりなく、医療ドラマで無理な手術に長時間挑む医者のような気分で、僕は何十時間もかけて必死に解毒を続けた。

幸いなことに、彼女の心は少しずつ回復の兆しを見せはじめたが、正直、僕は彼女の存在はあくまで氷山の一角に過ぎないと感じていた。

「おばけ3号」のアカウントには、ほぼ毎日のように社会、仕事、対人関係、恋愛など様々なできごとに傷つけられ、「言葉の毒」に侵された人々から相談が届く。

力になりたい一心で返信を続けていたが、僕はしだいに、虚無感に包まれるようになった。このまま、まるで紛争地帯にポツンと建っている小さな病院のような微力すぎる救護活動を続けて、意味があるのだろうか——そう考えると自身の活動がひどく粗末なものに思え、しだいに無力感にも苛まれるようになった。

そんな中、毛色の全く違ったメッセージが届いた。

送り主は今の担当編集の伊藤さんである。文面はストレートに、書籍化をしないかというものだった。

後日、僕はその送り主のいる都心のビルを訪ねた。

ビルでは、そのDMの送り主を名乗る美麗な女性が僕を待っていた（それを見た僕は「あ、コレはビジネスに見せかけて怪しい壺を売られるタイプの罠だ」と、心のシャッターが光の速さで閉まった）。

僕は案内された会議室スペースの椅子に腰を下ろし、早速自分の思う本のイメージを伝えた。

- 社会、対人コミュニケーションで悩む人々に貢献できる本でありたいこと
- 読み難く、実用性の低いスキルを一方的に押し売るような本にはしたくないこと
- この本の想定読者は常に前向きで明るく、バカで下ネタが好きな「おばけ3号」が好きである。だからこのキャラクターを登場させたいこと

実は、当日は断ることも選択肢の一つに入っていた。

商業的な本を出して、そこで金銭を稼ぐつもりは毛頭なかった。どうせ本を出させ

てもらえるなら、より多くの人に寄り添えるものを出したかった。
だから、生意気すぎる自分の考えと気持ちを素直に伊藤さんに伝え、それに賛同してもらえなければ頭を下げて帰るつもりだった。

驚くことに、伊藤さんはその場でほぼ全てに同意を示してくれた。話もとんとん拍子に進み、心のシャッターもこじ開けられてしまった。最後まで壺は売られなかった。

その後、僕らは「日常のコミュニケーションでよくあるトラブルに対して、その回避と防御方法、解読方法、解毒方法をテーマにした本にしよう」という結論に落ち着き、僕は自らの「人を救うチカラ」の有無を確かめるように恐る恐る執筆を始めた。

――そうしてできたのが本書でした。
果たして、僕の目標は達成されていたでしょうか。

最後にあらためてお礼を申し上げたいと思います。

本書を最後まで読んでくださったみなさま、本当にありがとうございました。

そして愉快な友人たち、パンチの利いた同僚、そしてなにより日々温かい反応をくれるSNSフォロワーのみなさまに、心からのお礼を申し上げます。みなさんのおかげで、「おばけ3号」は本書を発売することができました。

書籍化のチャンスをくださったKADOKAWAの伊藤さんをはじめ、本書の出版にご助力くださったみなさまにも感謝申し上げます。


この本は冒頭述べたように、日々社会やSNS、その他様々なコミュニケーションの事情で悩む人々へ広まる治療薬を目指す気持ちから、筆を執るに至りました。

どうかこの本と「おばけ3号」が、今後みなさんの人生に少しでも笑顔を増やすことができれば幸いです。


――みんな、頑張ってね。僕も頑張る。

2020年12月某日　おばけ3号

My special thanks to...

Mizuna

Miku.H

Rio (Bar C'est la vie)

kyan (Bar C'est la vie)

Risa.T

My friends and colleagues.

おばけ3号
インフルエンサー&コンサルタント。
鋭い視点と分析力に長けた意見で、多くのメディアに取り上げられる。Twitterで日常の愉快な話や、恋愛相談への親身な回答が人気を博し、2020年は月間1億ビューを達成。普段は都内のコンサル会社で現役のコンサルタントとして勤務している未婚の非モテアラサー男子。

Twitter：@ghost03type

「お話上手《はなしじょうず》さん」が考《かんが》えていること
会話《かいわ》ストレスがなくなる10のコツ

2020年12月10日　初版発行

著者／おばけ3号《ごう》

発行者／青柳 昌行

発行／株式会社KADOKAWA
〒102-8177　東京都千代田区富士見2-13-3
電話 0570-002-301(ナビダイヤル)

印刷所／大日本印刷株式会社

ISBN 978-4-04-604994-0　C0030